RESPECT !

DU MÊME AUTEUR

Faire tomber les murs entre intellectuels et politiques, Fayard, 2018.

Génération 2040. Manifeste à l'attention des candidats à la présidence de la République (collectif), Temporis, 2016.

Agathe Cagé

RESPECT !

ÉQUATEURS

ISBN 978-2-84990-820-4.

Dépôt légal : mars 2021.

170 *bis*, boulevard du Montparnasse, 75014 Paris.

contact@editionsdesequateurs.fr
www.editionsdesequateurs.fr

C'est un cri dans la gorge. L'envie de hurler en permanence. La peur de ne pouvoir s'échapper du cauchemar. N'aurons-nous plus jamais le droit au respect ?

Nous qui mettons un genou à terre pour clamer que nos vies ont de la valeur.

Nous, les femmes, traitées d'hystériques dès que nos combats dérangent ou que leur forme choque.

Nous, les jeunes, sans cesse renvoyés à une prétendue immaturité par des *boomers* qui n'ont rien su faire d'autre de leur âge d'or que de détruire à petit feu la planète.

Nous, les périphériques, les marginaux, les laissés-pour-compte de tout, des écoles, des maternités, de la Poste, des réseaux mobiles, de la culture, de l'intérêt des politiques. Ruraux privés d'instituteurs et de services publics. Périurbains condamnés à compter le nombre de trains qui disparaissent mais censés laisser les voitures au garage.

Nous, les Mahorais, dont les enfants tentent d'apprendre, le ventre vide, dans des écoles délabrées. Nous, les Guyanais, privés de banque du sang, de médecins, d'accès aux soins, dans le plus grand désert médical de France.

Nous, les « vieux », condamnés à l'invisibilité, priés de mourir en silence dans des EHPAD qu'un gouvernement peut, du jour au lendemain, transformer en prisons.

Nous, les classes dites moyennes, trop bien loties pour se plaindre d'après ceux qui gagnent en une heure ce que nous gagnons en une année, si peu protégées de l'avenir qu'un seul accident de vie peut nous plonger dans la précarité.

Nous, les Franciliens, privés d'espace et d'horizon, priés de dépenser plus de la moitié de notre salaire pour des cages à lapin, de nous entasser dans des métros et des RER bondés pour aller travailler, de respirer un air dont les particules fines tuent.

Nous, les citoyens, appelés aux urnes, dénoncés de n'y être pas allés, stigmatisés lorsque nous faisons le choix des extrêmes, infantilisés lorsque nous exprimons nos mécontentements, trompés par le grand écart des promesses et de la réalité.

Nous sommes dignes de respect. Pourquoi alors ne sommes-nous pas respectés, ni par les politiques, ni par les médias, ni par le reste de la société ? Pourquoi vivons-nous enfermés dans le manque de considération systématique des uns envers les autres ? Manque de considération des hommes envers les femmes. Manque de considération des *boomers* envers les *millenials*. Manque de considération des plus favorisés envers les plus précaires. Manque de considération des urbains envers les ruraux, des centres-villes envers les quartiers. Abandon des plus âgés.

Nous avons, individuellement et collectivement, totalement perdu le sens du respect. Nous avons perdu le sens de l'humanité, trop fiers des prouesses technologiques qui permettent d'effacer partout le contact humain, assommés par les artifices de communication politique censés masquer les engagements non tenus. Nous sommes gouvernés sans respect ; les promesses abandonnées et le petit jeu des paroles blessantes conçues pour faire le buzz érodent à chaque mandat la confiance démocratique. Les fondations de notre vie commune se délitent sous nos pieds année après année. Seul le respect mutuel permet de bâtir une société.

Nous avons, individuellement et collectivement, oublié que chacun d'entre nous mérite le respect. Cette réalité est pourtant anthropologiquement et philosophiquement au fondement de notre humanité et de notre dignité : nous sommes des êtres humains, et depuis Kant nous devrions savoir que l'humanité est toujours digne de respect. Le respect touche en effet à notre valeur intrinsèque. Nous ne pouvons nous construire que par le regard des autres ; il n'y a ni estime de soi ni respect de soi possible sans reconnaissance sociale. Nous avons besoin au plus profond de nous-mêmes du respect des autres. « Le mépris nous fait perdre notre valeur aux yeux des autres ; il nous fait même perdre la conscience de notre propre valeur. »

Ce manifeste est un cri de combat. Rien ne mérite tant de se battre que d'être reconnu pour ce que l'on est. Rien ne mérite tant de se battre que d'être reconnus dans nos dignités. Rien ne mérite tant de se battre que de défendre l'humanité de l'autre.

C'est un cri de ralliement. C'est pour nous toutes et tous qu'il est temps de nous battre : pour nos grands-mères et nos grands-pères, pour nos sœurs et nos frères, pour nos filles et nos fils, pour nos concitoyens, d'où qu'ils viennent, quels que soient leur histoire, leurs espoirs. Nous pouvons et nous devons gagner ce combat pour le respect. Il nous faut réhumaniser nos vies.

Ce combat sera difficile. C'est le poison de l'indifférence qu'il s'agit de repousser. De la facilité du mépris qu'il faut se débarrasser. Des décennies de mauvaises pratiques politiques à renverser. C'est la course infernale du toujours-moins – d'attention aux autres, de services publics, de fraternité... – qu'il faut arrêter.

Le combat pour le respect, c'est le combat pour que chacun puisse se dire : « Je suis important. »

C'est un combat social. Nous avons besoin d'une nouvelle manière de faire société, fondée sur la reconnaissance des autres et non sur l'enfermement dans nos bulles de défiance et de mépris. Dépasser les peurs, les haines, les préjugés, les incompréhensions. Donner des deuxièmes et des troisièmes chances. Réapprendre la valeur de l'attention aux autres, mais aussi de la tolérance. Retrouver l'humanité, partout.

C'est un combat environnemental. Nous respecter, c'est respecter notre planète, au nom des générations actuelles, au nom des générations futures et de celles qui leur succéderont. Nous ne vivons pas seuls et nous ne serons pas les derniers. Préserver la biodiversité, limiter enfin notre influence sur le changement climatique, c'est s'inscrire dans un horizon qui nous dépasse et accepter de considérer ce qui nous entoure.

C'est, enfin et surtout, un combat politique. Le respect doit redevenir une valeur politique cardinale. Nous avons besoin d'une génération de gouvernants qui respectent leurs concitoyens et la parole donnée. Il faut inventer une autre manière de faire de la politique, abandonner les programmes aux centaines de promesses jamais tenues, renoncer à la tentation de la démagogie, s'engager à conduire la société vers un cap et le tenir. Imaginer de nouvelles façons d'associer les citoyens aux décisions prises, à la conduite du pays, à l'élaboration des projets. Redonner aux électeurs de la confiance dans leur vote, de la confiance dans leur voix, et par là même l'estime de soi.

Nous pouvons et nous devons gagner ce combat. Pour que demain chacun puisse se sentir reconnu dans le regard des autres et être fier de ce qu'il est. Parce que l'humanité est toujours, partout, fondamentalement digne de respect.

Pour une éthique du respect

Les jeunes réclament le « respect ». Abdelkrim, d'une cité du nord de Paris, cité par Thomas Sauvadet dans *Le Capital guerrier* : « Dans la rue je me battais pour n'importe quoi, juste pour avoir le respect. »

Une élue de droite du septième arrondissement parisien dénonce des renoncements, chez des élus des quartiers populaires, dans la défense du respect. Rachida Dati, dans une tribune publiée dans *Le Journal du dimanche* fin septembre 2020 : « Ce sont ces élus locaux qui ont refusé de faire respecter l'ordre dans les quartiers. »

L'oraison funèbre du respect a été prononcée par l'humoriste Haroun : « Aujourd'hui l'ensemble de la population sent qu'il y a un manque de toi. On te pleure un peu partout parce que l'on sent bien que la société sans toi ne peut pas avancer. »

Le mot « respect » s'affiche en bonne place sur les maillots des clubs de football européens, aux côtés du hashtag #EqualGame. Les joueurs de Basaksehir et du Paris Saint-Germain lui ont donné tout son sens en refusant de reprendre leur match de Ligue des champions après des propos racistes d'un arbitre. Mais on compte encore sur les doigts des deux mains les matchs arrêtés pour des insultes racistes ou homophobes lancées depuis les tribunes.

On déplore régulièrement l'absence de respect lorsqu'une place ne se libère pas pour une personne prioritaire, dans un bus ou dans une rame de métro. Même si, harassé par une journée de boulot, on détourne soi-même facilement le regard d'une femme enceinte ou du plâtre entourant une jambe.

Lorsque nous entendons des groupes dans lesquels nous ne nous reconnaissons pas exiger « le respect », nous pensons parfois : « Et mes difficultés, à moi, qui s'y intéresse ? » Au fond, on n'est pas loin d'ajouter : « Il a bon dos, le respect mutuel, je me débrouille comme je peux, chacun n'a qu'à faire la même chose. »

Bref : le mot « respect » est dans toutes les bouches, utilisé à toutes les sauces, alors que rien ne paraît si éloigné du respect exigé par les uns que le respect exigé par les autres.

Il serait pourtant facile de s'accorder sur une éthique du respect.

À son fondement, un effort que chacun doit accepter de faire : ne pas attendre de réciprocité. Il s'agit de s'engager à faire preuve de respect envers les autres sans espérer de contrepartie. C'est ce qu'exige de nous Emmanuel Levinas dans *Éthique et Infini* : « Je suis responsable d'autrui sans attendre de réciproque, dût-il m'en coûter la vie. La réciproque, c'est son affaire. »

Il nous appartient ensuite de prendre, individuellement et collectivement, un triple engagement : permettre par notre comportement que chacun fasse au quotidien l'expérience de l'affection, du droit et de l'estime sociale. Le philosophe allemand Axel Honneth a en effet montré que nous avons besoin, en tant qu'individus, en tant qu'êtres humains, pour parvenir à une attitude positive envers nous-mêmes, d'être triplement reconnus.

Reconnus tout d'abord par l'amour ou par l'amitié, c'est-à-dire être l'objet de l'affection d'autrui. L'attachement intime d'un autre à notre égard est une forme essentielle d'approbation de qui nous sommes profondément, indépendamment des artifices sociaux. L'expérience d'être aimé est la condition première du développement de son identité. « La haine généralise, l'amour singularise » – ce sont les mots de Robin Morgan. L'amour et l'amitié permettent de prendre conscience de sa singularité. De se construire. De prendre confiance en soi. C'est pourquoi nous en avons viscéralement besoin.

Reconnus ensuite comme membre responsable de la société. Je n'ai pas seulement besoin d'affection. J'ai également besoin, en tant qu'individu, de savoir que j'ai les mêmes droits que tous les autres, que je suis membre d'une communauté d'égaux en droits. C'est cette reconnaissance morale qui permet d'acquérir le respect de soi.

Reconnus enfin en se voyant estimé socialement pour ses aptitudes et ses actions. C'est lorsque d'autres distinguent ce que l'on est capable de faire, d'accomplir, et ce que l'on apporte à la communauté qu'on accède à l'estime de soi.

Quelle conduite adopter, en tant qu'individu et en tant que société, pour permettre à chacun de faire l'expérience de cette triple reconnaissance ?

Il faut combattre tous les rejets qui cabossent

les vies. L'intolérance qui conduit à l'expulsion du domicile familial, à l'exclusion du club sportif, à la perte d'emploi. L'indifférence face à la précarité et au délitement de tous les liens qui en découle. Il y a urgence à combler toutes ces failles de la société qui abîment les relations d'affection.

Il faut s'attacher à ce que, dans tous les domaines, l'égalité promise (chaque individu est un sujet de droit égal à tous les autres sujets de droit) se traduise en égalité réelle. Deux batailles restent à gagner : en finir avec les discriminations et le déterminisme social, et donner à chacun les moyens de faire valoir ses droits. Lorsque des bénéficiaires potentiels d'aides sociales n'y recourent pas, par méconnaissance des dispositifs ou par découragement devant leur complexité, ils sont de fait privés de leurs droits. Près d'un tiers des allocations ne seraient pas perçues par ceux qui peuvent y prétendre. La responsabilité ne leur en incombe pas. Elle incombe à l'État.

Il faut enfin accepter de se décentrer. L'être humain a besoin d'être reconnu dans sa valeur sociale. Or on n'est à même de considérer la valeur sociale de son voisin que si l'on accepte les remises en question. S'inspirant de la philosophie d'Emmanuel Kant, Axel Honneth, dans

La Société du mépris, le souligne : « Dans l'acte de la reconnaissance, un décentrement s'opère chez le sujet parce qu'il concède à un autre sujet une "valeur" qui est la source d'exigences légitimes qui contrarient son amour-propre. » Je dois dépasser mon point de vue égocentrique pour adopter celui de l'autre et rendre justice à sa valeur. Je lui reconnais ainsi une forme d'autorité morale sur moi-même et j'accepte, par rapport à lui, de faire certaines choses, et de ne pas en faire d'autres. Je suis son obligée. C'est bien sûr contraignant, bien moins évident que la facilité du mépris. Mais indispensable pour vivre dans une société où chacun est reconnu comme apportant quelque chose.

Rendre à chacun son humanité. Permettre à chacun de faire l'expérience de la confiance en soi, du respect de soi et de l'estime de soi. En nous engageant, individuellement, à systématiquement respecter autrui sans rien attendre de lui. En abandonnant, individuellement et collectivement, toutes les formes de mépris et tous les comportements d'invisibilisation sociale. Voilà les fondements d'une éthique du respect.

Nous sommes loin de cette éthique dans nos comportements. Le champ de bataille est immense. Le combat à mener sera âpre. Pour tous les invisibles. Pour les personnes âgées. Pour les femmes. Pour les non-connectés. Pour les jeunes. Pour les minorités. Pour les classes populaires et pour les classes moyennes. Pour les discriminés.

Pour la conquête du respect.

Le tombeau des lucioles

Le Tombeau des lucioles d'Isao Takahata, sublime et tragique film d'animation, emmène le spectateur dans la société japonaise de la fin de la Seconde Guerre mondiale. Deux enfants, un grand frère et sa petite sœur, perdent leur mère et attendent en vain le retour de leur père, capitaine d'un navire de guerre. Ils sont seuls et n'ont pour survivre que la force de leur amour fraternel, la joie et l'innocence de la petite fille, son goût pour les bonbons acidulés et colorés, le courage et l'imagination du jeune garçon. Le Japon est sous les bombes. Chacun souffre des destructions, du rationnement, du manque de tout. La tante des enfants, qui les recueille un moment, leur fait sentir qu'ils sont un poids et n'hésite pas à s'approprier leur peu de biens. Son mari ne se préoccupe pas non plus des deux orphelins, laissés affamés dans la petite pièce qui leur sert de chambre. Les enfants quittent la tante et s'inventent un royaume dans une grotte près d'un cours d'eau. Ils vivent en dehors de la ville et n'ont le droit à rien, pas même aux rations alimentaires. Ils s'affaiblissent, la santé de la petite fille décline de jour en jour. Le garçon se bat, seul, dans ce monde qui les ignore. Il vole pour se nourrir, échappe avec difficulté à ceux qui le pourchassent, personne ne leur vient en aide. Sa sœur confond, dans le délire provoqué par la fièvre et la faim, cailloux et bonbons acidulés. Elle n'en réchappe pas. Il n'est plus rien, s'assoit épuisé dans une gare. Deux hommes qui passent par là parient qu'il mourra dans la nuit. Il rend son dernier souffle avant l'aube. Les lucioles s'envolent et s'éteignent. Le monde n'a pas voulu qu'ils survivent. Les a laissés mourir.

Il n'est pas besoin de se plonger dans le Japon en cendres de 1945 pour observer la plaie de l'indifférence. Nous en faisons quotidiennement l'expérience. Nous en faisons quotidiennement preuve. Sans haine, sans mépris, mais sans respect. Il suffit de détourner les yeux, de les fermer. Priver l'autre de son regard et effacer ainsi son humanité. Le laisser mourir, métaphoriquement ou réellement.

Combien d'invisibles condamnés chaque

jour sans aucune forme de procès dans notre société ? Combien de personnes âgées seules à leur domicile, traversant leur journée sans aucun contact humain ? Combien de demandeurs d'asile dormant aux portes de Paris ? Combien de travailleurs précaires sans autre choix que de vivre dans leur voiture ? Combien de licenciés pour qui la perte d'emploi rime avec mort sociale ? En une phrase, empruntée à Emmanuel Defouloy : « Plus la précarité est grande, plus la sociabilité familiale, amicale ou associative diminue. » Moins nous possédons, moins nous recevons de regards, plus nous disparaissons aux yeux de la société.

Combien de femmes dans la rue, ces femmes qui ont à un moment perdu pied et auprès desquelles on ne s'arrête pas, auxquelles on ne tend pas la main ? Soixante-dix mille femmes vivraient dans la rue et restent pourtant invisibles, nous dit Claire Lajeunie, qui leur a consacré des pages et un documentaire puissants. Quelles contorsions mentales nous imposons-nous pour ne pas voir des femmes aussi nombreuses que la foule des supporters remplissant le Stade de France un soir de grand match ?

Ralph Ellison nous donnait déjà en 1952, dans son roman *Homme invisible, pour qui chantes-tu ?*, une forme de réponse. Il y a ce que nous devrions voir, et ce que nous choisissons de voir ou de ne pas voir: « Je suis invisible, comprenez bien, simplement parce que les gens refusent de me voir. Comme les têtes sans corps que l'on voit parfois dans les exhibitions foraines, j'ai l'air d'avoir été entouré de miroirs en gros verre déformant. [...] Cette invisibilité dont je parle est due à une disposition particulière des yeux des gens que je rencontre. Elle tient à la construction de leurs yeux internes, ces yeux avec lesquels, par le truchement de leurs yeux physiques, ils regardent la réalité. »

Parmi les hommes que nos yeux internes ne voient pas, la France compte trois cent mille chibanis. Les deux mois du premier confinement ont jeté un éclairage cru sur leur vie et leur vieillesse. Ou ils ont, plutôt, mis en pleine lumière leur invisibilité. Ces vieux travailleurs immigrés du Maghreb, qui ont construit la France des Trente Glorieuses, vivent seuls, dans la précarité, déchirés par l'éloignement avec leur terre natale, dans un pays qu'ils ont servi, bâti, mais qui les ignore. Ils ont certes, ces dernières années, gagné plusieurs batailles pour leurs droits. La cour d'appel de Paris a donné raison, en janvier 2018, aux plus de huit cents cheminots marocains qui demandaient réparation à la SNCF pour préjudice moral et professionnel. La reconnaissance de la discrimination subie par ces « déclassés » du rail a été symbolique avant même d'être matérielle : leur travail ne valait pas moins parce qu'ils étaient étrangers. En juillet 2019, les chibanis ont remporté un nouveau combat : pouvoir rejoindre leur pays natal en continuant à bénéficier de leurs droits à la Sécurité sociale française. Des victoires qui rendront la vie moins difficile, mais qui ne viennent briser ni la vulnérabilité, ni la solitude, ni le poids d'années de discriminations, d'injustice, de misère, ni l'épuisement physique et psychologique.

Le confinement a rendu plus étroits les murs des chambres de leurs foyers, retiré les respirations d'une retraite précaire, le banc, le café partagés. L'isolement a rendu plus dure encore la violence engendrée par des années d'indifférence de la part des employeurs, de l'État, du reste de la société. Cette séparation a rendu le silence plus assourdissant. Dans la bouche du metteur en scène Nasser Djemaï, ces travailleurs immigrés ont été, pour la France, « des masses informes, incolores, inodores, éternellement interchangeables ». Des personnes interchangeables, c'est-à-dire niées dans leur singularité, niées dans leur valeur. Des personnes auxquelles le respect n'a pas été accordé. Emmanuel Kant pose, dans ses *Leçons d'éthique*, cette relation fondamentale : « Chacun m'accorde son respect dès qu'il reconnaît ma valeur intérieure. » Me respecter, c'est reconnaître cette valeur qui m'est propre. Me mépriser, c'est me noyer dans la masse.

On meurt réellement, aussi, à nos portes et chez nous. Ils sont des dizaines de milliers à avoir perdu la vie, ils sont des milliers chaque année à perdre la vie au large des côtes de l'Europe. Les fonds de nos mers sont devenus des cimetières où disparaissent les enfants, les femmes, les hommes, les espoirs d'une vie meilleure, les aspirations à une existence loin des bombes et des guerres. Depuis 2014, plus de vingt mille personnes, migrants et réfugiés, sont mortes en Méditerranée selon l'agence de l'ONU pour les migrations. Nous refusons de voir leur visage. Parfois, celui d'un enfant, celui d'Alan Kurdi, par exemple, petit Syrien d'origine kurde échoué sur une plage à l'âge de trois ans, nous secoue. Mais nos yeux internes ne veulent pas voir cette réalité. Sur la coque du *Louise-Michel*, le navire humanitaire affrété en Méditerranée par le *street artist* Banksy, une petite fille en gilet de sauvetage brandit une bouée en forme de cœur. La coque du navire est peinte en rose. Cette petite fille devrait nous parler. Ce rose devrait nous accrocher les yeux. Nous entendons les chiffres et nous détournons le regard. Les milliers de morts de la Méditerranée sont anonymes. Nous ne sommes même pas capables de donner une sépulture à ces enfants, ces femmes et ces hommes dont les familles ignorent parfois longtemps le sort. J'ai reçu un véritable choc en découvrant les œuvres sous-marines de l'artiste Jason deCaires Taylor au Museo Atlantico. Il donne un visage à ces êtres humains. Ce ne sont pas seulement des corps au fond de la mer. Ce sont des vies, des histoires d'amour, d'amitié, de courage, des aspirations, ensevelies.

On meurt réellement, aussi, dans les rues de Paris. On meurt dans les rues de Paris en 2021 comme on y mourait il y a un siècle et demi, en 1849, et les mots de Victor Hugo, dans son discours pour « détruire la misère », sont certes marqués par le temps mais tellement d'actualité : « La misère, messieurs, j'aborde ici le vif de la question, voulez-vous savoir où elle en est, la misère ? Voulez-vous savoir jusqu'où elle peut aller, jusqu'où elle va, je ne dis pas en Irlande, je ne dis pas au Moyen Âge, je dis en France, je dis à Paris, et au temps où nous vivons ? Voulez-vous des faits ? [...] Il y a dans Paris [...] des rues, des maisons, des cloaques, où des familles, des familles entières, vivent pêle-mêle, hommes, femmes, jeunes filles, enfants [...]. Voilà un fait. En voici d'autres : Ces jours derniers [...], un malheureux homme est mort de faim, mort de faim à la lettre, et l'on a constaté, après sa mort, qu'il n'avait pas mangé depuis six jours. » Nous n'employons plus le mot « cloaque », mais les mots « colline » et « campement ». Lorsque des hommes s'installent sous des tentes pour passer une nuit place de la République, ils en sont arrachés et sont jetés au sol avec violence à l'instant même. On les tolère un peu plus longtemps à Saint-Denis qu'au centre de Paris.

On meurt dans les rues de Paris en 2021 comme on y mourait à l'hiver 1954, lorsque l'abbé Pierre a pris la parole pour lancer un appel à la solidarité après la mort à trois heures du matin d'une femme sur un trottoir du boulevard de Sébastopol. Chaque année, en France, des centaines de personnes décèdent dans la rue. Voulons-nous savoir ? Voulons-nous voir ? Apparemment pas. Depuis Hugo pourtant, depuis l'abbé Pierre, en observant les maraudeurs et tous ceux qui distribuent des couvertures et des repas, nous devrions voir et nous interroger sur notre refus implicite mais avéré de donner de la valeur à chaque vie humaine.

Le sens du respect s'est perdu au moment précis où nous avons oublié, dans nos regards et dans nos actes, que chaque individu est important. Lorsqu'un photographe fait le point sur son modèle, il peut choisir de flouter l'arrière-plan. Ça s'appelle un réglage de la profondeur de champ. C'est ce que nous faisons au quotidien. On se concentre sur les quelques personnes qui font partie de nos tout petits mondes et on ignore les autres, leurs réalités, leurs difficultés, leur besoin d'attention.

On a pris l'habitude d'entendre les responsables politiques dire que si un problème était résolu pour neuf personnes sur dix, alors il était résolu. Ainsi, un ministre de l'Éducation nationale peut se féliciter de la qualité de l'accueil des enfants en situation de handicap à l'école même si chaque année plusieurs milliers d'entre eux restent sur le banc de touche de l'inclusion véritable. Ainsi, on peut se réjouir de la reprise de la courbe de l'emploi le jour où un site industriel ferme définitivement ses portes. Ainsi, une ministre chargée de l'Égalité entre les femmes et les hommes peut se donner en France un objectif de dix féminicides par an. OK, ce serait quinze fois moins qu'aujourd'hui. Mais comment le fait que dix femmes soient victimes de féminicides au cours d'une année pourrait-il être l'objet d'une quelconque satisfaction ? Je ne peux concevoir qu'un jour on inscrive « résultat atteint » en face du nom d'une femme battue à mort devant ses enfants, d'une autre défenestrée par son mari, d'une troisième tuée à coups de fusil... Je ne peux accepter que dans cinq, dix, quinze ans des activistes en soient encore à coller sur les murs, pour dénoncer la situation des femmes victimes de violences : « plus écoutées mortes que vivantes ».

Notre regard devrait s'arrêter sur chaque personne que nous croisons. Chacune d'elles mérite d'être considérée. Comme nous méritons d'être considérés par elle. C'est le fondement du respect mutuel. Cela n'interdit pas de porter un jugement sur l'autre. Cela n'oblige à rien face à une personne qui aurait besoin de soutien. C'est simplement un choix de vie ; celui de la conscience d'être entourés d'individus – c'est-à-dire, pour reprendre les mots d'Hannah Arendt, d'« entités uniques irremplaçables » – et non d'une masse humaine sans visages. Nous sommes certes des anonymes les uns pour les autres. Mais l'anonymat n'est pas l'indistinction. Prendre le temps de donner son attention à l'autre, c'est ouvrir la possibilité d'une rencontre, un premier pas vers sa connaissance et sa reconnaissance, une première étape vers le respect. Nous ne sommes pas responsables de chacune des vies qui nous entourent, ce serait absurde. Mais nous avons le choix du mépris, de l'indifférence ou du respect.

Bien sûr, je me demande quelle est la meilleure attitude à adopter lorsque, à l'occasion d'une promenade ou d'un trajet, près de dix personnes sollicitent mon aide pour manger ou avoir un endroit chaud où dormir. Si je n'apporte pas un soutien à tous, cela a-t-il plus de sens d'en apporter à un seul, ou à aucun ? Ou alors d'appuyer financièrement des associations ? Est-ce que je peux, vraiment, me contenter d'échanger un sourire ? Ça ne nourrit pas, un sourire. C'est sans doute mieux que de baisser la tête, de se plonger dans son portable, de faire semblant de ne pas entendre. Détourner le regard, c'est le pire des comportements, c'est l'expression de l'indifférence physiquement intégrée dans le corps. Mais ça ne nourrit pas, un sourire. J'ai croisé la douleur abyssale dans les transports en commun. Celle d'un sans-domicile fixe qui, après des heures d'errance sans recevoir le moindre appui ni le moindre regard, a décidé de s'allonger pour bloquer la fermeture de la porte. Il n'avait plus d'autre solution pour provoquer une rencontre. Plus d'autre solution pour enrayer la mécanique de nos trajets dans l'indifférence. L'indifférence pourtant a continué à triompher. Les têtes se sont levées non pour savoir qui était cet homme, mais pour mesurer le temps perdu avant la reprise du voyage. Son réflexe de survie n'a rencontré que des urgences personnelles, un besoin d'aller vite, un agacement. Les voyageurs ont « payé » leur indifférence de quelques minutes de retard ; cet homme l'a payée dans sa chair, meurtrie par la violence de la déshumanisation.

Le choix de l'humanité n'est certes jamais le plus facile. C'est rationnel, on voit d'abord les difficultés lorsqu'on souhaite ouvrir sa porte à des réfugiés, qu'on ait un bout de canapé ou une chambre à leur offrir pour quelques nuits, comme le font les citoyens solidaires. Mon geste ne sera-t-il pas qu'une simple goutte d'eau dans la mer ? Le regard que je porte sur la situation actuelle n'est-il pas trop naïf ? N'aurais-je pas raison d'avoir peur d'accueillir des inconnus ? Est-ce aux citoyens de pallier les défaillances d'un État incapable de proposer un hébergement à la moitié des demandeurs d'asile ? Je ne manque de respect envers personne en ne faisant rien. Je participe d'un système dans lequel des individus sont broyés par l'indifférence collective et les défaillances de nos moyens d'action.

Des lucioles s'envolent et s'éteignent, chaque jour, autour de nous. Nous détournons le regard. Des femmes comptent les nuits passées dans la rue. Des réfugiés comptent les nuits passées dans la rue. Des chibanis finissent leur vie dans la plus grande indifférence. Des chômeurs de longue durée s'enfoncent dans un isolement de plus en plus cruel. Des lucioles s'envolent et s'éteignent, chaque jour, autour de nous. Nous n'en sommes pas individuellement comptables. Nous le sommes collectivement.

Interdits de sortir. Interdits d'entrer

La crise de la Covid-19 nous a fait toucher le fond. Sans que nous puissions espérer qu'elle nous ouvre enfin les yeux sur notre inhumanité. Le mot est fort, je sais. Mais nous méritons de prendre ce genre de claque. Chaque jour, nous devrions nous demander à quel point ces mots de George Bernard Shaw nous visent : « Le pire péché envers nos semblables, ce n'est pas de les haïr, mais de les traiter avec indifférence ; c'est là l'essence de l'inhumanité. »

Des affiches format A4 ont été placardées sur les portes des maisons de retraite : « Interdit d'entrer, interdit de sortir », sous-texte : « Condamnés à mourir en silence à l'intérieur ». Mourir en silence après des déjeuners, des collations, des dîners seul face à un mur. Mourir emmuré, privé de toute vie sociale, de toute partie de cartes, de tout programme télévisé partagé. Le traumatisme des morts, le traumatisme des survivants, le traumatisme des familles, le traumatisme des aides-soignants qui ont tout donné malgré le manque criant de personnel et le défaut d'équipement; ces traumatismes nous conduiront-ils à nous réveiller, à prendre enfin conscience de l'atrocité de notre indifférence? Nous voulions protéger des vies, évidemment. Nous avons fait le choix terrible, pour cela, de les laisser se déliter. Un choix qui illustre de manière crue notre incapacité à vivre avec nos personnes âgées. Celles-ci nous hurlent, sans que nous paraissions les entendre, « j'aurais besoin d'être "pris en considération", non pas "pris en charge" – je ne suis pas une charge! » (j'emprunte les mots du sociologue Michel Billé).

Des scandales absolus, des situations intolérables sont devenus en 2020 de simples sujets d'actualité. Des entreprises de pompes funèbres ont tenté sans vergogne de tirer profit de douleurs familiales aggravées par la pandémie. À la morgue provisoire de Rungis, Bruno a dû payer pour se recueillir devant le cercueil scellé de sa mère décédée de la Covid-19. Il n'a pu la revêtir de ses habits. Seules vingt minutes lui ont été accordées et chaque seconde lui a été facturée. Des infirmiers ont été menacés par les habitants de leur immeuble parce qu'ils passaient leurs journées au contact du virus. Pendant le premier confinement, le quotidien d'Élodie, aide-soignante en centre gériatrique, c'était d'enchaîner trois nuits de garde consécutives. Puis, en rentrant dormir dans son quartier résidentiel de Bayonne, de trouver placardé au-dessus des boîtes aux lettres un message anonyme la sommant de déménager aussi vite et aussi loin que possible.

Ces actualités du printemps 2020 étaient entrecoupées de reportages sur la généralisation du paiement sans contact et sur l'installation de vitres en Plexiglas à l'intérieur des restaurants. Comme si ces preuves de notre inhumanité, loin de susciter en nous une quelconque révolte, n'étaient qu'un des banals reflets de notre quotidien. S'informer sur l'indifférence et le mépris des uns pour la souffrance des autres, puis sur la façon dont nous prendrions place à table lors de notre prochaine sortie entre amis. Et puis, il faut bien rendre hommage au « génie français »...

Le président de la République s'est félicité de ce génie, dans un échange toutes manches relevées avec le monde de la culture, alors que le premier confinement était encore en vigueur. Le « génie français », c'est « le bon sens et la créativité ». Le bon sens et la créativité étaient sans doute à l'œuvre dans les immeubles, dans les rues, dans les commerces, face aux conséquences de la pandémie et aux contraintes du confinement. Des chaînes de solidarité se sont organisées, des réseaux d'entraide de proximité se sont développés, des concerts et des parties de jeux de société se sont improvisés par les balcons. On a pris des nouvelles des plus fragiles en les saluant à travers leur fenêtre depuis le trottoir, des petits déjeuners ont été offerts par les boulangers aux hôpitaux, des masques ont été cousus et distribués, des attestations traduites, imprimées et remplies.

Que les pouvoirs publics ont à l'inverse manqué de bon sens et de créativité pour accompagner autrement les résidents, le personnel et les directions des EHPAD ! Il leur appartenait d'imaginer la manière de maintenir des relations sociales, amicales, familiales, sans la médiation d'écrans, pour les plus âgés et les plus précaires, dans un contexte de pandémie. Ils ne l'ont pas fait. Certes, ils se sont attachés à relever le défi de l'innovation technologique avec une application de suivi des cas contacts que les Français n'ont pas téléchargée. Mais le défi de l'humain n'a jamais semblé à leur mesure.

Nous avons répondu à l'urgence par l'urgence. Mais aussi par la facilité. Quelques semaines avant le confinement, le 16 janvier 2020, lors de sa leçon inaugurale au Collège de France intitulée « L'inégalité des vies », Didier Fassin nous avait pourtant mis en garde : c'est « le traitement de [ses] marges qui révèle les valeurs qu'une société est prête à défendre ». Il nous parlait alors du sort des soixante-dix millions de migrants et de réfugiés dans le monde. Il nous parlait aussi, indirectement, de tous ceux que nous avons ravalés en nos marges. De nos vieux, ceux que nous n'avions pas vus mourir lors de la canicule de 2003, placés d'office à l'isolement face au coronavirus.

Nous avons accepté pendant le confinement que des milliers de personnes âgées puissent être condamnées à l'absolue solitude et à la mort, interdites de visites et de sorties dans des établissements pourtant définis comme des lieux de vie. Des médecins, des infirmiers, des soignants ont évoqué, dans une tribune publiée dans *La Croix* du 1er octobre 2020, « le retour à une réclusion digne d'un bagne d'un siècle révolu ». Nous avons été « capables » d'accepter cela. Nous avons voulu protéger. Nous n'avons pas respecté. Nous n'avons pas reconnu l'humanité des personnes âgées maintenues enfermées.

Personne ne leur a demandé d'exprimer leur volonté.

Oui, il aurait sans doute fallu mieux écouter, au moment d'entrer de plein fouet dans la crise du coronavirus, la leçon de Didier Fassin rappelant que l'« inégalité [...] la plus profonde est celle devant la vie même ». L'inégalité quant au choix de pouvoir conduire sa vie, dont les résidents d'EHPAD ont été privés. L'inégalité face à la possibilité de vivre, aussi. Nous avons mesuré, ces derniers mois davantage encore que d'habitude, la violence et l'ampleur de cette inégalité. Le coronavirus a provoqué en France une hausse de la surmortalité. *Le Monde* a réalisé une infographie qui a permis de montrer, en comparant l'évolution des décès cumulés du 1er mars au 27 avril 2020 rapportés aux décès cumulés sur la même période en 2019, que cette surmortalité a été de 65,4 % en Seine-et-Marne, de 89,8 % à Paris et de 128,9 % en Seine-Saint-Denis. Avec un pic sur ce territoire à 179,5 % dans l'intercommunalité de Plaine Commune, celle des villes de Saint-Denis, d'Aubervilliers, de La Courneuve, de Villetaneuse...

Alors, bien sûr, on peut analyser les statistiques comme des statistiques, parler de cumul des facteurs de risques sanitaires dans un département où la santé de beaucoup de personnes âgées est fragile et où l'exiguïté des logements a rendu plus lourd qu'ailleurs le confinement. On peut parler de risques sociaux et économiques également, alors que les premiers de corvée de Seine-Saint-Denis, qui ont assuré pendant le confinement la qualité de notre vie commune, prenaient tous les matins les transports pour rejoindre leurs postes de soignants, de caissiers, de rippeurs.

Les facteurs de risques règnent en maîtres dans ce département, le plus pauvre de la métropole. Le 9-3 manque de magistrats, de greffiers, de médecins scolaires, de professeurs, de policiers. Quand, en février 2020, les quatre-vingts médecins-chefs hospitaliers du département démissionnent de leurs fonctions administratives et d'encadrement, c'est en décrivant un manque de tout et des patients mal pris en charge, lorsqu'ils le sont. 280 000 personnes vivent en Seine-Saint-Denis sous le seuil de pauvreté. Près d'un habitant sur deux à Aubervilliers. Que cela signifie-t-il ? La maire communiste de la ville l'a dit sans détour : souffrir de la mal-vie et devoir, souvent, choisir entre régler son loyer et manger.

On peut se contenter de déplorer les statistiques, ou on peut essayer de comprendre, en tant qu'êtres humains, ce que veulent dire les chiffres de cette surmortalité et ceux de la pauvreté pour les habitants de la Seine-Saint-Denis. Ces chiffres, c'est la traduction tragique, concrète, réelle, de la dévalorisation sociale de certaines vies. Suprême NTM et Fianso, *Sur le drapeau* :

J'viens du 9.3, mi casa, c'est pas tu casa
Pas de lendemain, j'suis bloqué dans les nuits passées
En mode robot, comme l'avenir des petits, tracé
Des mutineries à boire, des promos sur la mort
Des ventes de flashs, des fusillades à prix cassés
C'est la rue, c'est la rue, gros, c'est pas Netflix.

Oui, ces chiffres, ça pourrait faire une bonne trame pour une série Netflix ou Canal +, voire un titre accrocheur pour une publication de l'INSEE. Mais c'est avant tout, pour des milliers de personnes, l'expérience du mépris gravée dans leur chair. Il faudrait, qu'au moins, la crise de la Covid-19 nous conduise à prendre conscience de cela. Et à réagir.

R-E-S-P-E-C-T

Sept lettres. En anglais comme en français. Sept lettres. Aretha Franklin a bien pris soin de détacher chacune d'elles lorsqu'elle a repris en 1967 la chanson d'Otis Redding. La force de sa soul, l'intelligence de son interprétation, nous ont donné un hymne féministe dont la puissance ne s'est pas altérée.

En s'appropriant le texte de *Respect*, la diva a renversé l'ordre des foyers. Elle a affirmé l'égalité entre les femmes et les hommes. Otis Redding chantait : « Tout ce que je demande, c'est un peu de respect quand je rentre à la maison » (« *All I'm askin'is for a little respect when I come home* »). Aretha Franklin lui répond et prend le pouvoir en chantant : « Tout ce que je demande, c'est un peu de respect quand tu rentres à la maison » (« *All I'm askin'is for a little respect when you come home* »). Elle s'impose et montre à son compagnon qu'elle n'a pas peur en ajoutant :

« Fais attention » (« *Take care, TCB* »). Cinquante ans plus tard, avec #MeToo, dans de nombreux pays du globe, d'autres femmes se lèvent et affirment : « La peur a changé de camp. »

« Tout ce que je demande » : le respect, qui devrait être le fondement de tout, à la fois si peu et pourtant essentiel. Il n'y a rien d'autre à demander. Une fois que le respect mutuel est établi, alors une relation peut être construite, et c'est une autre histoire qui débute.

Cette évidence du respect, Aretha Franklin l'impose à son interlocuteur. Elle le pousse à en prendre conscience. Ses mots sont fermes : « Trouve ce que respect veut dire » (« *Find out what it means to me* »). C'est à son compagnon qu'il appartient de trouver le chemin vers le respect – le respect physique, l'attention à l'autre, sa reconnaissance. Respecter l'autre, ça s'apprend. Et personne ne peut l'apprendre pour vous.

Ce combat des femmes pour le respect reste malheureusement plus que jamais d'actualité. Partout dans la société.

Partout dans la société, quand près de cent cinquante femmes décèdent tous les ans en France sous les coups de leur compagnon.

Partout dans la société, quand plus de cinquante mille plaintes pour viol ou agression sexuelle sont déposées en France chaque année. Cette violence subie par les femmes, nous a dit Gisèle Halimi en 2003 dans une tribune pour *Le Monde diplomatique*, « nos procureurs en contestent l'importance et l'ampleur ». Dont acte : nos voix porteront plus fort et plus haut que les leurs.

Partout dans la société, jusqu'à ce que le mot « hystérie » ne soit plus utilisé pour qualifier une femme qui ose porter fièrement un combat, qui n'hésite pas à hausser le ton pour se faire entendre, qui prend et occupe l'espace. Un mot entendu encore récemment dans la bouche de Dominique Besnehard à propos de Ségolène Royal, ou lu sous la plume de Lydia Guirous (dans une tribune publiée par *Le Figaro*) à propos du mouvement des Femen. Il est temps d'en finir.

Partout dans la société, jusqu'à ce qu'il ne soit plus envisageable de titrer le portrait d'une ministre de la Culture « Princesse prolo » (*Le Nouvel Observateur*, 4 octobre 2012), ou d'écrire d'une ministre de la Justice qu'elle « ressemble à Fantômette, ou à la Marianne de Faizant, ou à une héroïne de manga avec ses cheveux soigneusement tout fous et ses yeux immenses. Elle n'a pas l'air vraie. Et ce qui lui arrive n'a pas l'air d'être vrai non plus » (même hebdomadaire, 12 juillet 2007). Deux exemples cités par Frédérique Matonti dans son ouvrage *Le Genre présidentiel.* La présentation qu'en fait l'éditeur résume en quelques mots la persistance de la prégnance des schémas sexistes dans notre société : « Une candidate accède au second tour de l'élection présidentielle ? Une femme racisée se voit confier un ministère régalien ? Deux femmes s'affrontent pour la direction d'un parti politique ou d'une grande municipalité ? À chaque fois, les schémas sexistes, et parfois racistes, reviennent sous la plume des commentateurs. Évaluées sur leur physique, soupçonnées d'agir par "émotion" et hâtivement taxées d'incompétence, les femmes sont systématiquement rappelées à l'ordre. » Nous sommes en France pourtant. Vingt ans après le début du XXIe siècle.

Partout dans la société, alors que le sondage réalisé en 2014 par l'Agence des droits fondamentaux de l'Union européenne sur la violence envers les femmes (analyse la plus complète à ce jour) a montré qu'en Europe 55 % des femmes ont été victimes de harcèlement sexuel au moins une fois après l'âge de quinze ans.

Partout dans la société, jusqu'à ce que les pratiques de harcèlement moral ou sexuel à l'encontre des femmes soient bannies de tous les milieux professionnels. Les mots de Gisèle

Halimi, en 2003, sur les conséquences de ce harcèlement, restent douloureusement d'actualité : « Il réduit celles que nous défendons à des femmes qui se noient. Arrêts de travail, consommation d'antidépresseurs, difficultés de la preuve, mutisme forcé des collègues. Elles paient cher la volonté de sauvegarder leur dignité. » Mais comment pourraient-elles renoncer à leur lutte pour être respectées ?

Le mouvement de révolte des lycéennes à la rentrée 2020 contre les interdictions vestimentaires et les remarques subies à propos de leurs tenues a illustré l'implication de la jeunesse dans le combat pour l'égalité, mais aussi la longueur du chemin qu'il reste à parcourir. Il a réaffirmé un principe fondamental : nous n'avons pas à nous montrer « respectables » pour avoir droit au respect. Il dénonçait la sexualisation des filles et le « deux poids deux mesures » qui leur est imposé à ce titre par rapport aux garçons quant aux tenues acceptées dans les enceintes scolaires. Ça veut dire quoi, être « respectable » ? Qui détient la légitimité de délivrer des brevets de « respectabilité » ? L'exigence de respectabilité est une façade. Il n'y a qu'une exigence, celle du respect, auquel chacune comme chacun a droit. Rendre, même indirectement, les femmes responsables de l'absence de respect qu'on leur témoigne est intolérable. Il n'y a pas de « respectabilité » qui vaille. La dignité des femmes ne dépendra jamais d'une mise en conformité avec un moule dessiné par ceux qui se pensent détenteurs d'un pouvoir sur elles. Elle ne dépendra jamais d'un paraître qui aurait l'outrecuidance de déplaire à des hommes. C'était à se taper la tête contre les murs que d'entendre le ministre de l'Éducation, interrogé sur ce sujet, répondre qu'« il suffit de s'habiller normalement ». Car de quelle normalité est-il question ici ? Celle du sexisme quotidien au lycée ?

La colère d'Adèle Haenel face à une académie des Césars qui fait à nouveau le choix indigne d'honorer Roman Polanski a transmis de la force à beaucoup de femmes. Elle s'est « cassée » parce que rester assise, c'était cautionner. C'était cautionner l'absence de respect, le crachat « au visage de toutes les victimes », le sous-texte « ce n'est pas si grave de violer des femmes », mantra de ceux qui prônent la séparation de l'homme et de l'artiste.

Le mouvement #MeToo, même si les choses bougent en France avec une lenteur effroyable, a donné du courage et de l'espoir à des millions de personnes. Combien de femmes attendaient, pour reprendre les mots de l'historienne

Michelle Perrot, ce silence qui se déchire, qui « devient une rumeur, un bruit et surtout une parole » ?

Oui, le risque d'un *backlash* n'est jamais loin. « La guerre froide contre les femmes » théorisée par l'américaine Susan Faludi est loin d'être terminée. Le risque d'une offensive réactionnaire, nous a-t-elle appris, demeure élevé après chaque avancée des droits des femmes. Le risque, même, de reculs majeurs n'est jamais loin. L'universitaire Geneviève Sellier ne dit pas autre chose lorsqu'elle souligne que de nos jours « il ne s'agit pas de craindre les excès supposés [des mouvements des droits des femmes], mais, au contraire, de redouter que l'intérêt retombe car aucune mesure politique n'est prise ».

Le féminisme est-il radical aujourd'hui ? Il doit l'être ! Le titre de la tribune publiée par Réjane Sénac dans le quotidien *Libération* le 31 juillet 2020 dit tout : « Féminisme : l'égalité ne peut être que radicale ». Elle ajoute : l'égalité a une « dimension radicalement politique ». Le discrédit que l'on tente de jeter sur les mobilisations féministes est le même que celui que l'on tente de jeter sur les mobilisations antiracistes : leurs détracteurs jouent la carte pipée du procès en radicalité. C'est une facilité critique dont les variantes sont communes : dénonciation d'un « complot » féministe, procès en incompétence… Comme si l'on pouvait combattre sans radicalité la culture du viol, les plafonds de verre, les discriminations institutionnalisées !

La responsable de la condition féminine à l'ONU, Phumzile Mlambo-Ngcuka, a dit en 2017 du mouvement #MeToo, et pour s'en féliciter, qu'il était une « tempête », une tempête parfaite. Que pouvait-il être d'autre ? On ne mène pas la révolution de l'égalité d'un coup de brise légère.

Radicalité n'implique pas nécessairement violence, excès ou abus. Faire preuve de radicalité, c'est être tranchant, net, viser une transformation profonde et non les lots de consolation d'une politique des petits pas. La radicalité, c'est une lame de fond. Certains combats ne se conçoivent que radicaux. C'est le cas du féminisme. La philosophe Sandra Laugier l'a écrit : « En refusant la radicalité, c'est *le politique* qu'on oublie, la nécessité de parler et d'agir pour toutes les femmes. »

Alors assenons-le : le féminisme doit être radical. Et c'est le cas aussi, en France, aujourd'hui, du combat pour le respect.

On peut aimer ou non le style de Virginie Despentes, on peut ne pas être pleinement d'accord avec elle sur tout, mais le ton de sa tribune du 1er mars 2020 : « Désormais on se lève et on se barre », était le bon. Oui, il est des gestes, il est des décisions, il est des actes et des réalités qui donnent « envie de chialer de rage et d'impuissance ». Je ne sais pas le dire différemment ; je ne sais pas le dire mieux. Oui, les mots de Virginie Despentes sont violents. Notre société l'est aussi, vis-à-vis des femmes, des minorités, des plus faibles. Oui, la domination est violente, car écraser, rabaisser, mépriser, c'est violent. Car subir l'écrasement, la dévalorisation systématique, le mépris, c'est violent. Oui, on peut être « humilié par procuration ».

Les mots de Virginie Despentes ont aussi cette vertu de permettre de clarifier ce qu'est l'exigence de respect. L'exigence de respect, c'est une obligation qui s'impose à moi de respecter chaque personne, quels que soient mes désaccords avec elle, quels que soient les jugements que je porte sur ses choix et sur ses actes, quelles que soient nos différences. Je dois reconnaître dans chaque individu son humanité. Je dois respecter chaque individu en tant qu'être humain, unique, irremplaçable. C'est ma seule obligation. Rien en deçà. Rien au-delà.

Rien en deçà. Nous ne pouvons exclure personne de sa dignité humaine et du respect qu'elle appelle. Quoi qu'un individu fasse, quoi qu'il décide, quel que soit le poids de ses responsabilités passées. Albert Camus ne dit pas autre chose dans sa quatrième lettre à un ami allemand : « Malgré vous-mêmes, je vous garderai le nom d'homme. Pour être fidèles à notre foi, nous sommes forcés de respecter en vous ce que vous ne respectez pas chez les autres. [...] Jusqu'à la fin des temps, nous, qui ne vous ressemblons pas, aurons à témoigner pour que l'homme, par-dessus ses pires erreurs, reçoive sa justification et ses titres d'innocence. » Ce sont des mots de juillet 1944, adressés à des partisans du régime nazi. Ils ne peuvent que s'imposer à nous.

Rien au-delà. L'exigence de respect m'oblige à reconnaître dans chaque individu son humanité. Mais elle ne m'oblige en rien à saluer son pouvoir, à partager ses idées, à m'incliner devant ses apparats. Alors oui, si certains s'attendent, ainsi que le dénonce Virginie Despentes, à ce que l'on respecte leur puissance, ils en seront pour leurs frais. Les personnes appellent le respect, pas leurs oripeaux. Alors oui, Virginie Despentes peut écrire avec justesse : « Nous n'avons aucun respect pour votre mascarade de respectabilité. » Il y a des failles et des faiblesses que je respecte bien plus que bon nombre de démonstrations attendues de puissance. Entre le combat contre une puissance inique, inconvenante, indécente, et l'exigence de respect, l'équilibre n'est certes pas toujours évident à trouver. Une nouvelle fois, les mots qu'adresse Albert Camus aux soutiens du régime nazi sont un guide précieux : « Nous voulons vous détruire dans votre puissance sans vous mutiler dans votre âme. »

R-E-S-P-E-C-T. Ces sept lettres, il faudra encore les marteler quelques années. Ce sera fait. Les jeunes filles et les jeunes garçons seront là pour le faire. Les femmes seront là pour le faire. Les militantes raviveront la flamme lorsqu'il faudra essuyer des tempêtes. Les mots des voix du passé offriront leur force lorsque l'âpreté de la lutte fera naître des doutes. S'il n'est qu'un seul combat, c'est celui-là.

Dé-liés

C'est votre mère, votre grand-mère. La mienne, celle de votre collègue aussi, ou alors l'une de ces voisines que vous aviez, enfant. Elle a quatre-vingts ou quatre-vingt-cinq ans. Elle vit seule, plutôt en bonne santé, entièrement indépendante, dans le centre-ville d'une commune du grand ouest de la France. Ou peut-être du Nord. Trente ans de dévitalisation, un peu plus de trente mille habitants, un cinéma, une gare.

Une gare sans guichet. C'est peu humain, les gares sans guichet. Ce n'est pas pratique non plus. Sans Internet, ce n'est *a priori* pas désagréable d'aller à la gare acheter un billet. Enfin, ça ne l'était pas lorsque l'on pouvait parler à quelqu'un. À la place, il y a désormais trois bornes, qui ne proposent plus de train direct pour rejoindre la capitale. Ceux-là ont disparu, un à un depuis dix ans. Mais elle pourra bien prendre deux TER, votre grand-mère ou cette ancienne voisine, puis un TGV à la place du train direct. Si elle trouve le voyage trop fatigant, personne au fond ne l'oblige à quitter son chez-soi. En tout cas, personne à la SNCF, vu qu'il n'y a de toute façon plus personne pour lui parler en gare.

Ne pourrait-elle pas d'ailleurs se réjouir d'avoir un service en gare qui lui permet de ne pas acheter en ligne ? Parce que, au fond, n'est-ce pas étrange de ne pas avoir de *smartphone* ? Voilà. Voilà comment votre grand-mère ou cette ancienne voisine n'a qu'à préférer le train. De toute façon, quel choix a-t-elle ? Aucun. Elle n'a pas davantage de choix quand elle appelle un cabinet médical et qu'on lui enjoint de prendre rendez-vous sur Doctolib. Sans Internet, le défi est de taille. Mais peut-être moins que l'obligation d'attendre ensuite plus de cent jours pour avoir accès au spécialiste. En 2019, dans le Centre-Val de Loire, le délai moyen pour consulter un ophtalmologue était de cent trente-sept jours... Passons.

Elle n'a pas non plus d'autre choix que de devoir changer de ville pour trouver un bureau de poste ouvert quand le seul bureau de sa commune a fermé plusieurs mois pour travaux. Oui, bien sûr, elle pourrait imprimer ses timbres en ligne ou envoyer ses colis depuis sa boîte aux lettres, si elle avait moins le goût du contact humain et surtout si elle avait Internet, un ordinateur ou une tablette, et une imprimante. Soyons clairs : elle n'attend pas que la société s'adapte à ses besoins, mais elle aurait pu espérer que le tout-numérique se développe comme un service supplémentaire offrant des choix nouveaux aux citoyens, et non comme une obligation, un outil qui prend le pas sur le sens et s'impose à tous comme un bulldozer.

Avoir quatre-vingts ou quatre-vingt-cinq ans, avoir bossé dès l'adolescence, payer ses impôts, voter. Tout ça pour quoi ? Pour que ses conditions de vie se dégradent inexorablement au rythme de l'abandon des pouvoirs publics.

Notre société a laissé l'absence de respect s'imprégner en elle jusqu'à devenir constitutive de son ADN. Nous ne respectons pas les personnes lorsque nous construisons une économie et des services publics qui ignorent en conscience comment elles vivent au quotidien. Il est injuste de blâmer les citoyens qui vivent sans *smartphone*, de leur reprocher de ne pas s'être adaptés au XXIe siècle. Il ne leur appartient pas de remédier individuellement aux difficultés créées par l'obsession des prouesses technologiques et l'idéologie d'un monde robotisé. C'est notre société qui s'est « désadaptée ». Et nous l'avons collectivement accepté. Et nous avons collectivement laissé faire.

J'évoque les personnes âgées, mais elles ont aussi bien d'autres profils, les victimes de la fracture numérique. De la double fracture numérique. D'abord, la fracture qui exclut ceux qui ne maîtrisent pas la technologie ou n'y ont pas accès, qui les éloigne des nouveaux savoirs, des nouveaux cercles de relations, jusqu'à la réservation d'une place de cinéma ou d'une table dans un restaurant. Avec la pandémie, cette fracture s'est transformée en véritable gouffre. Ensuite, la fracture de plus en plus large créée entre les êtres humains partout où une technologie remplace intégralement, et sans alternative, la relation humaine.

La SNCF ose présenter son *chatbot* Transilien comme le « parfait compagnon de voyage ». « Compagnon »? Sérieusement? Je reprends le *Larousse*. Toutes les définitions de « compagnon » commencent par « celui qui ». « Celui » au sens de personne, d'être humain. Pas un machin, une application, un algorithme. Personnellement, je trouve les *chatbot* parfois pratiques, et contribuer au développement de l'un d'entre eux m'a passionnée. Ce n'est pas un problème d'outil, mais de place donnée à l'outil et enlevée à l'humain. « Compagnon de voyage », bien sûr, c'est une image. Mais ce n'est pas que cela. C'est la traduction en solution technique d'une stratégie commerciale qui défait le lien social. L'hypocrisie du slogan est un sujet en soi : à qui tente-t-on de faire croire qu'une relation équivalente peut être nouée avec un « agent conversationnel » et avec un agent en chair et en os derrière son guichet ?

Se rend-on bien compte des conséquences potentielles pour des millions de personnes de la décision de définitivement dématérialiser toutes les démarches administratives, prise pour faire annuellement quelques dizaines de millions d'euros d'économies ? En France, au moins treize millions de personnes ont des difficultés avec le numérique. Le Défenseur des droits a pointé en mai 2020 le risque de « millions et de millions d'exclus ». Dès lors qu'aucune alternative papier ou humaine n'est proposée aux démarches numériques, nombreux sont ceux parmi ces nouveaux exclus qui ne pourront faire valoir leurs droits. L'État ne pourra plus leur en garantir le respect, et l'on connaît ce qui va avec, l'enfoncement dans la précarité, la perte encore plus forte des liens sociaux, le sentiment d'abandon. Méconnaissance des droits et renoncement face à la complexité des démarches se cumuleront davantage encore qu'aujourd'hui. Ceux qui maîtrisent parfaitement les outils numériques ont une appréhension biaisée de la manière dont une démarche administrative dématérialisée peut être perçue par une personne qui ne les maîtrise pas. Oui, il peut être plus simple de se déplacer, de lire un formulaire imprimé, de le remplir au stylo et de faire la queue à un guichet avant de le remettre à un préposé que de faire une demande via une application ou un site Internet, lorsque l'on ne sait pas compléter un pdf ni réduire la taille d'un fichier à joindre. Et je ne parle même pas de l'importance de simplement rencontrer un être humain.

La France avait besoin que son administration conduise sa transformation numérique, mais dans le respect de la réalité, du quotidien de toute une partie de la population. Pas en vivant dans le fantasme de l'adaptation magique de ceux pour lesquels les règles du jeu n'ont pas été conçues. Gardons bien en tête qu'en 2019, en France, 15 % de la population n'a pas utilisé Internet au cours de l'année. 15 %, une personne sur six.

Le principe de respect doit être au cœur de chaque service public. Il disparaît avec la possibilité de tout échange physique. Il disparaît dès lors qu'on ne peut dire à personne « je ne sais pas faire ». Le sentiment d'incompétence devient si fort qu'il fait naître un violent sentiment d'humiliation. Comme lorsque le temps d'attente moyen pour être mis en relation avec un téléconseiller dépasse le temps de réponse. Nous rendons-nous bien compte de la violence que peut représenter le fait de passer plus de temps à espérer une réponse au téléphone qu'à échanger avec celui qui nous répondra ?

« Être connecté » ou « ne pas être connecté » est devenu la version moderne d'« être ou ne pas être ». Cela va bien au-delà de la possibilité d'accéder ou non à Internet, d'utiliser ou non les nouvelles technologies. C'est un « être au monde » modelé par la 4G (par la 5G dans quelques mois). Nous privons de leurs relations sociales ceux qui ne sont pas « connectés ». Et nous semblons n'y rien pouvoir. Cet état de fait s'impose à nous, et c'est bien là tout le problème. Que nous soyons ou non accros aux *smartphones*, aux applications, à la réalité virtuelle, aux réservations en ligne, nous n'avons plus la liberté de choisir. Nous sommes contraints dans ce que nous pourrions vouloir être. Autrement dit, nous ne sommes pas respectés.

La technologie subie n'apporte aucune liberté. Elle enferme. Elle contribue même parfois à nourrir les incompréhensions et à accroître les distances qu'elle est censée abolir. Dans la préface de ses mémoires *Ma vie sur la route*, Gloria Steinem nous rappelle une évidence : « Les gens réunis dans un même espace se comprennent et s'identifient les uns aux autres beaucoup plus facilement que par le biais d'une page ou d'un écran. » Il est juste bluffant, pour un amateur de jeux vidéo, de pouvoir partager une simulation de rallye en ligne avec des joueurs connectés dans le monde entier. Mais il est également frustrant de constater que de moins en moins de titres offrent la possibilité de jouer à deux, sur la même console, dans la même pièce, en mode écran partagé. Parce j'ai aussi besoin, parfois, de partager une partie côte à côte avec un partenaire. J'en ai même besoin souvent. C'est autre chose que je partage à ce moment-là. L'humain. L'affection. La perception intime de l'autre. J'ai besoin d'avoir le choix. De pouvoir faire dès que je le souhaite le choix du contact humain, celui qui permet le plus directement et le plus fortement d'exprimer à l'autre ma reconnaissance pour qui il est, ce qu'il fait, ce qu'il m'apporte.

Quel droit de rêver ?

Il vient de fêter ses seize ans et rêve de décrocher son bac. Mais après son bac, il ne perçoit qu'un horizon brouillé. Fermé même. Il faut dire que, lorsqu'on grandit à Figeac, sur les rives du Célé, la grande aventure universitaire paraît se jouer à plusieurs centaines de kilomètres. Il y a bien un IUT dans cette sous-préfecture d'Occitanie, mais, à part cela, tout paraît si loin ! Le premier aéroport est à Aurillac, dans le département voisin du Cantal. La préfecture est à plus d'une heure de voiture via la départementale qui traverse le parc naturel régional des Causses du Quercy. Le campus universitaire de Cahors propose soixante-cinq formations. Seulement une quinzaine sont dispensées sur place, les autres à distance. Cahors est avant tout un « campus connecté », d'où l'on peut suivre en ligne des cours donnés dans d'autres universités. Dit autrement, on y propose à des jeunes un ersatz d'études. Est-ce mieux que rien? Et pourquoi n'auraient-ils pas le droit à du bien tout court, plutôt que d'en être réduits à faire un choix entre rien et mieux que rien? Figeac est à moins de cinq cents kilomètres à vol d'oiseau de Paris mais à sept heures de train. Marseille est à plus de six cent cinquante kilomètres de la capitale et à trois heures de TGV. Figeac est classée ville d'art et d'histoire, et Grand Site Occitanie. L'été, ses ruelles médiévales s'animent le temps du festival de théâtre. Mais le reste de l'année? Quelles perspectives s'offrent à notre futur bachelier?

C'est un garçon qui s'efforce d'être raisonnable. Il ne dispose pas des bonnes informations et craint de ne pas avoir les bons codes. Il craint que ses rêves ne coûtent trop cher, à lui, à sa famille, et que les conditions de son entrée dans la vie adulte, de son insertion sur le marché du travail, de sa stabilisation personnelle, ne lui permettent pas vraiment de rêver. Alors il confond *garder les pieds sur terre* et *assignation à résidence* spatiale et sociale.

Est-il illégitime d'avoir peur, à la fin de l'adolescence, de partir étudier dans une grande ville universitaire ou à Paris? De craindre de ne pas y être totalement à sa place? De s'inquiéter du coût de tout, du logement, de la nourriture, des transports ? D'appréhender l'éloignement des amis, de la famille, des points de repère ? De redouter de voir moquer son accent, ses habitudes, ses tenues, son enthousiasme même, par l'« élite » de la capitale ? D'être, aussi, fortement attaché à son territoire ?

Personne ne peut reprocher ses peurs à ce jeune de seize ans. Il le sait, il l'a lu sur les réseaux sociaux, il connaît les dizaines de témoignages de cette froide réalité que Léa Iribarnegaray a choisi d'illustrer dans un article paru en avril 2019 dans *Le Monde* : « Étudier à Paris, venir d'ailleurs : la "présomption de différence" ». Cette « présomption de différence » nous éloigne tellement du respect. On glisse si facilement de la différence au mépris, du mépris au rejet.

Quand « il n'est pas comme nous » devient « il est moins bien que nous ». Quand « il est moins bien que nous » devient « il n'est pas assez bien pour nous » ou « il ne fait pas partie du même monde que nous ». Cette dernière sentence n'est pas formulée. Elle est infligée par le mépris et le rejet. Que ce jeune de seize ans ait des raisons ou non de craindre d'être jugé, mal accepté ou exclu, on ne peut lui reprocher ses appréhensions.

En revanche, nous pouvons nous reprocher collectivement de nous satisfaire de vivre dans une société où tant de nos jeunes souffrent de telles craintes. Une société qui jette sans bouée dans le grand bain de la vie adulte une jeunesse privée de perspectives, et qui se bat aussi pour ne pas être privée de planète. Chaque année, des dizaines de milliers de lycéens s'interdisent de se sentir à leur place au-delà des frontières du département dans lequel ils ont grandi. Même lorsque leurs enseignants ont redoublé d'énergie pour leur ouvrir l'horizon, pour leur faire prendre conscience qu'ils ont le choix. Il manque souvent la bonne rencontre, celle qui permet de comprendre que tout est possible, que même si leurs peurs sont parfois fondées, il peut valoir le coup de les affronter.

Quel droit se donne aujourd'hui la jeunesse rurale de rêver à des études longues, à Paris ou dans une autre grande ville universitaire ? Presque aucun. Elle fait bien trop souvent le choix de la proximité, du BTS dans son lycée. Il faut se réjouir de ce choix s'il est volontaire, s'il répond à une aspiration ; mais lorsqu'il est contraint, c'est un peu de ses droits que la société retire à cette jeunesse rurale. Cette jeunesse qui devrait bénéficier des mêmes chances, de la même variété de choix que celle qui a grandi à Lyon ou à Paris.

Ce n'est ni de la naïveté ni un vœu pieux. Ce n'est qu'en nous battant pour élargir l'horizon de toutes les jeunesses de notre pays que nous donnerons corps à l'article 6 de la Déclaration des droits de l'homme et du citoyen – « Tous les citoyens étant égaux [aux yeux de la loi] sont également admissibles à toutes dignités, places et emplois publics, selon leur capacité, et sans autre distinction que celle de leurs vertus et de leurs talents » –, que nous cesserons de nous contenter de son existence théorique.

Lors d'un rendez-vous organisé à Pessac, aux portes de Bordeaux, entre plusieurs centaines de lycéens et des adultes venus leur présenter leurs métiers, j'ai échangé avec des adolescents qui avaient fait le déplacement depuis Tulle, en Corrèze. Le trajet avait été long. Ils étaient sérieux, préparés, attentifs. Mais aucun d'eux n'exprimait de rêve. Leur curiosité était réelle mais inexorablement raisonnable. Était-ce dû à la présence de quelques parents d'élèves dans la salle qui, lorsqu'un intervenant tentait d'illustrer par son parcours qu'il n'y a pas d'aspiration trop haute, ni de projet trop exceptionnel, lui demandaient de se concentrer sur les solutions concrètes pour réussir des études courtes et accéder rapidement à l'emploi ? Ou était-ce dû au fait qu'ils avaient déjà, à quinze, seize, dix-sept ans, intégré tellement de contraintes, d'obstacles, qu'ils s'interdisaient de se croire capables de les dépasser? Ces adolescents semblaient ne penser accessibles qu'un minuscule nombre d'horizons.

Le regard qu'une grande partie de la jeunesse sent porté sur elle l'enferme alors qu'il devrait la faire grandir. L'absence de respect est là, aussi : ce manque de considération diffus envers tant de nos concitoyens, dès l'adolescence, et parfois encore plus tôt.

Cette jeunesse mérite pourtant toute notre estime. Elle nous apprend beaucoup. Les jeunes se battent aujourd'hui pour un avenir plus grand qu'eux. C'est ce qu'un « *OK, boomer* » résume en deux mots : je te parle de la planète, je te parle de l'environnement, on va cesser de parler de nos seules existences. La jeunesse manifeste pour protéger la planète. Les Fridays for Future, elle s'est mobilisée plus nombreuse encore que pour défendre son bac ! Partout, à Albi et à Rodez comme à Toulouse et à Paris. Parfois, une élève seule s'est mise en grève dans son établissement, comme Ysée, bien décidée, du haut de ses quatorze ans, à faire valoir son combat dans son collège de Lafrançaise, une commune de moins de trois mille habitants de Tarn-et-Garonne. Peu importe, car il y avait aussi des Yséc dans les collèges de Figeac et de Cahors. Parce que cette génération sait que ce qui la dépasse est plus important que les enjeux personnels.

Chaque jeune de cette génération devrait entendre, à chaque instant, le message d'où Michelle Obama a tiré sa force : tu es important. Dans la France rurale, il ne reçoit au contraire que le silence en écho à ses rêves. Le silence pour cette jeunesse « sacrifiée » racontée par Salomé Berlioux et Erkki Maillard dans *Les Invisibles de la République*. Le silence pour cette jeunesse oubliée dans son droit à grandir vite, haut, loin, et qui en oublie de rêver.

Voilà le monde que nous nous sommes bâti. Voilà la société que nous avons acceptée. L'avenir de millions d'entre nous est obstrué. Si ce n'est le nôtre, c'est celui de votre fils, de votre nièce, de votre père, de votre amie.

Nous nous sommes laissé confisquer nos choix de vie, de communication, de relations sociales, d'avenir. Sans que cela soit d'ailleurs porté par aucun projet politique, ce qui aurait pu avoir un sens démocratique. Simplement par l'accumulation de petites contraintes. Une foule de petites contraintes qui nous enferment peu à peu. Qui empêchent l'expression de nos singularités, de nos potentialités, nos possibilités même parfois de créer des liens sociaux.

Nous jouissons dans les faits d'un peu moins de droits. Nous faisons un peu moins l'expérience de la reconnaissance. Nous faisons un peu moins l'expérience du respect.

Black Lives Matter

Changeons un instant de continent. Non pour éviter de nous interroger sur nous-mêmes. Mais au contraire parce que l'ampleur de certains phénomènes outre-Atlantique doit nous conduire à réfléchir plus sérieusement encore à nos décisions et à nos choix.

Aux États-Unis, nous a rappelé Didier Fassin dans sa leçon inaugurale au Collège de France, « les enquêtes journalistiques conduites à partir de 2015 ont permis de dénombrer plus d'un millier de décès chaque année causés par les forces de l'ordre, les hommes noirs étant deux fois plus susceptibles de succomber dans ces circonstances que les hommes blancs, bien qu'ils soient moins souvent détenteurs d'une arme ». Plus de mille décès par an, trois décès par jour, une litanie quotidienne. Des morts, c'est-à-dire des vies et des visages effacés, des familles déchirées, des destins brisés.

Je ne peux m'empêcher de penser au *Souvenir de la nuit du 4* de Victor Hugo. Les deux premiers vers :

L'enfant avait reçu deux balles dans la tête.
Le logis était propre, humble, paisible, honnête.

Et puis à la fin :

C'est pour cela qu'il faut que les vieilles grand'mères,
De leurs pauvres doigts gris que fait trembler le temps,
Cousent dans le linceul des enfants de sept ans.

C'est parce que l'enfant était dans la rue au moment où Napoléon III faisait tirer sur la foule pour prendre le pouvoir de force les 3 et 4 décembre 1851. C'est parce qu'il portait un *hoodie* (Trayvon Martin). Parce qu'il marchait sur la chaussée et non sur le trottoir (Michael Brown). Parce qu'il jouait avec un pistolet en plastique (Tamir Rice).

Cette comptabilité funèbre, nous dit Fassin, n'est qu'un aspect du quotidien des Afro-Américains, soumis à la violence ordinaire, qui font l'expérience de la peur « à la vue de policiers », de l'« humiliation lors de leurs interactions avec eux », et « l'apprentissage dès l'enfance et l'éducation par l'expérience de la négation ou de la frustration de leurs droits ». Avec leurs conséquences directes sur la capacité des femmes et des hommes qui en sont victimes de se construire une identité.

Aux États-Unis, depuis 2013, la dénonciation des violences subies par les Afro-Américains et du racisme a pris le visage du mouvement Black Lives Matter. La vie des Noirs compte. Mais pourquoi a-t-on encore besoin de faire d'une telle évidence un cri de ralliement ?

« La vie des personnes noires importe non seulement parce qu'elle est menacée de destruction, mais aussi, et peut-être plus encore, parce qu'elle est confrontée au risque permanent de sa dépréciation. » La responsabilité de la société est double pour Fassin. Négation incessante des droits, drames sans fin provoqués par des violences policières. Voilà la réalité ordinaire des Afro-Américains. Déprécier une vie. Lui ôter de la valeur, lui ôter de sa valeur. Et lorsqu'un genou reste près de neuf minutes posé sur le cou d'une personne qui ne peut plus respirer, lui ôter la vie.

La vie des Noirs compte. Ces mots ont désormais fait le tour du monde. Ils unissent au-delà des frontières et des couleurs de peau. Seuls, ils ne suffiront pas à protéger la vie des personnes noires, mais ils appellent chacun à prendre ses responsabilités. À Paris, place de la République, le 9 juin 2020, lors d'un rassemblement en hommage à George Floyd, les chanteuses Camélia Jordana, Sandra Nkaké, Jeanne Added, Pomme et Raphaële Lannadère ont entonné la *protest song* « *We shall overcome* ». Les cinq voix, en s'élevant *a cappella*, ont donné chair à toute l'émotion palpable sur la place : la conscience de participer à un mouvement essentiel, celui de la défense de la vie et de la liberté de millions d'anonymes. Combien de vies confrontées au risque permanent de leur dépréciation dans notre société ? L'interrogation est vertigineuse.

Black Lives Matter. Les vies humaines comptent plus que tout. Elles comptent plus que les compétitions sportives, évidemment, mais aussi que leurs répercussions économiques. Et cette prise de conscience est nouvelle. 2020 marque à ce titre une rupture dans le sport états-unien.

Évidemment, auparavant, des sportifs ont exprimé une conscience politique, se sont engagés pour le respect de chaque vie humaine. Le basketteur LeBron James a assumé son activisme dès 2012 après le décès en Floride de Trayvon Martin, publiant une photographie où son visage et ceux de ses coéquipiers étaient dissimulés sous la capuche d'un sweat. Mais sans prendre de risque. Sans compromettre sa carrière.

Le combat pour la défense des droits des Afro-Américains a, ensuite, gagné en intensité avec le footballeur Colin Kaepernick, qui a fait passer ce combat devant sa carrière. Lorsque, le 1er septembre 2016, il a, le premier, mis un genou à terre pendant l'hymne américain joué avant chaque match, pour protester contre les violences policières, il a signé la fin de sa vie de quarterback. Traité de « fils de pute » par le candidat Donald Trump (fossoyeur en chef du respect en politique), il a perdu son contrat en 2017 et aucun autre club ne lui a fait de proposition de recrutement. Alors, bien sûr, son combat a été salué en dehors des arènes sportives. Amnesty International a fait de lui un Ambassadeur de la conscience pour rendre hommage à son esprit militant et à son courage. Nike, l'unique sponsor à ne pas l'avoir lâché, a signé un nouveau contrat avec lui en 2018, à l'occasion d'une campagne pour les trente ans du slogan « *Just do it* ». En surimpression sur le visage en noir et blanc de Colin Kaepernick s'affichaient deux phrases : « *Believe in something. Even if it means sacrificing everything* » (« Crois en quelque chose. Même si ça signifie que tu dois tout sacrifier »). Il serait trop long d'ouvrir le débat sur les motivations de l'équipementier. Engagement sincère ou stratégie marketing de la marque à destination d'une jeunesse en quête de sens ? Peu importe. Le combat pour le respect de chaque vie est devenu avec Colin Kaepernick plus important que la réussite sportive. La footballeuse Megan Rapinoe, en soutien à ce combat, a elle aussi, dès le 4 septembre 2016, posé le genou à terre pendant l'hymne national, ce qui lui a valu d'être mise à l'écart de la sélection américaine dans les mois qui ont suivi.

En 2020, ce combat porté par quelques-uns s'est transformé en mouvement. Les sportifs ont pris conscience de son urgence et des sacrifices qu'il exigeait. Le basketteur américain Fred VanVleet, meneur de l'équipe des Raptors de Toronto, l'a exprimé sans détour : « À un moment il va falloir mettre nos c... sur la table et risquer de perdre autre chose que de l'argent ou de la visibilité. » Le moment de bascule ? Les balles dans le dos reçues par Jacob Blake quelques semaines à peine après l'assassinat de George Floyd. Tout ce que compte le sport américain est enfin allé plus loin. Plus loin que les engagements individuels. Plus loin, surtout, que les slogans au dos des maillots et que les mots « Black Lives Matter » peints en noir sur les parquets. La mobilisation n'a pas seulement changé d'ampleur, elle a changé de nature, quatre ans jour pour jour après la première protestation de Colin Kaepernick. Des équipes de basket ont boycotté des matchs, suivies par des franchises de baseball et de football américain. L'action s'est également poursuivie sur les courts de tennis. Le combat contre le racisme et les violences policières, le combat pour le respect de chaque vie est alors devenu plus important que les gains. Les Milwaukee Bucks ont été les premiers à refuser de jouer leur match de play-offs, la phase de compétition de la NBA qui permet de déterminer le champion de la saison. Leur meneur a expliqué attendre des politiques et des forces de l'ordre le même degré de responsabilité que celui que s'applique un sportif professionnel. Les autres ont suivi.

Ces nouvelles formes prises par le combat pour le respect de chaque vie sont porteuses d'espoir. Il faut avoir pleinement conscience que ce combat sera long et rencontrera de nombreux obstacles. Notre société doit radicalement changer pour qu'aucune vie ne soit plus ni menacée ni dépréciée en raison d'une couleur de peau, d'une appartenance sexuelle, d'une orientation sexuelle, d'une identité de genre, d'un âge, d'un lieu d'habitation, d'un niveau de revenus…

Les vies abîmées

« Une vie dévalorisée, nous dit Didier Fassin, finit par produire une vie abîmée. » La douleur intime est trop profonde. Puisque notre subjectivité se construit dans le regard des autres, être discriminé, c'est recevoir un double coup de lame. Le premier coup, c'est se sentir ignoré. Le second, c'est percevoir qu'aux yeux de notre interlocuteur, de nos interlocuteurs, nous valons moins que d'autres.

En France, au quotidien, des dizaines de milliers de vies sont dépréciées. Des dizaines de milliers de personnes sont discriminées. Discrimination raciale. Discrimination sexuelle. Discrimination sexiste. Discrimination sociale. Discrimination territoriale. Discrimination en raison de l'âge. Discrimination touchant les personnes handicapées. Discrimination fondée sur le poids. Les mécanismes sont les mêmes. Être moins bien traité, moins considéré en raison d'un caractère que notre interlocuteur, nos interlocuteurs considèrent comme distinctif. Les victimes de grossophobie n'endurent pas seulement de se voir refouler à l'embarquement d'un avion parce qu'elles n'ont pas réservé de second siège. Elles subissent la blessure et les conséquences des préjugés au quotidien, sans cesse agressées par ces regards et ces soupirs qui jugent, discriminées à l'embauche du fait de leur corpulence qui est stigmatisée comme la traduction d'un manque de volonté ou d'une faiblesse. Comment échapper dès lors à une descente aux enfers ? Il faut écouter les mots de Gabrielle Deydier, car ce n'est ni du roman ni du cinéma, ce sont les mots de sa vie, ceux de sa « lente et douloureuse autodestruction », son impression de « saigner de l'intérieur », sa recherche d'une douleur physique pour oublier ce qui lui fait vraiment mal, sans jamais y parvenir. C'est cela, la réalité crue, violente, insupportable, d'une vie abîmée. De la discrimination et du manque de respect à la perte de la confiance en soi, du respect de soi et de l'estime de soi. Regardons de près toutes ces vies amochées. Nous en sommes collectivement responsables.

Il y a « le sort des périphéries », pour reprendre les mots de Christiane Taubira dans son roman *Gran balan*. Quelques minutes d'un procès en Guyane suffisent à appréhender sa violence : l'audience se déroule à Cayenne, l'expert s'exprime en visioconférence depuis Toulouse, « et chacun a désormais les yeux rivés à l'écran. Il parle depuis la ville rose. Il a expertisé à distance. C'est l'usage et la routine ». C'est pourtant un jeune homme de vingt-cinq ans qui est jugé, un jeune homme de vingt-cinq ans qui a attendu son procès pendant quatre ans en prison. Ce jeune homme a un nom, Kerma Nofis. Il avait une vie, avant la prison, une vie de fins de mois qui traînassent, une vie de loisirs simples, une vie au goût de pizzas pas chères. Taxi clandestin occasionnel pour tenter de rendre son quotidien un peu moins raide, il s'est laissé embarquer dans une affaire qui a mal tourné. Il se présente devant la cour les cheveux disciplinés et le pantalon tombant impeccablement. Sa maman lui a repassé des chemisettes pour chaque jour d'audience. C'est un jeune homme qui sait tout ce qu'il voudrait expliquer mais qui n'y parvient pas. Qui ne croit pas pouvoir être compris : « Expliquer ! On peut aussi bien jouer du Saint-Saëns sur marimba... » Comment expliquer à un avocat « à toge et épitoge » ? Comment expliquer la réalité d'un quotidien, le concret des besoins, des envies, des possibles, lorsque l'expert s'exprime à 6 772 kilomètres de là ? Le gouffre de la distance sociale incarné par la distance physique.

Peu de kilomètres séparent Paris et Aubervilliers, mais la petite couronne subit aussi le sort des périphéries. Au tribunal d'instance de cette ville de la Seine-Saint-Denis, structurellement confronté à la pénurie et au manque d'expérience des personnels, le délai d'audiencement est de huit mois, quatre fois celui des tribunaux d'instance de la capitale. Il a même parfois atteint douze mois ! Ce n'est pas seulement l'attente qui est insupportable pour les justiciables, mais aussi ses conséquences sur des situations déjà précaires. Le montant des impayés de loyers peut, lorsque près d'un an sépare une assignation et une audience, avoir doublé. Celui qui peine à surnager au moment de l'assignation a la tête plongée sous l'eau plusieurs mois après. C'est ainsi qu'on réduit le champ des possibles pour les habitants des périphéries, « en indifférence. Impunément ». On leur manque de respect à travers tant de petites habitudes – un expert qui ne se déplace pas, des fonctionnaires que l'on ne remplace pas, de délais qui s'allongent. On rend de fait la justice différemment. On ne s'arrête pas sur les conséquences. On obstrue les horizons. Personne ne s'en inquiète. Personne n'en est inquiété.

Et puis, à Cayenne comme à Aubervilliers, en banlieue parisienne comme à la campagne, la justice, ses codes, ses mots, ses obligations, ses règles, semblent souvent abstraits. La justice peut paraître loin, très loin au prévenu ou au requérant même au moment précis où il fait face au tribunal. Des dialogues de sourds s'installent parfois, comme celui entre la présidente du tribunal de Créteil et un prévenu jugé en comparution immédiate retranscrit par le journaliste Jean-Baptiste Jacquin : elle tente de lui expliquer que sa peine de prison aménageable est une peine ferme, il reste persuadé que l'aménagement signifie qu'il vient d'écoper de sursis.

La justice impressionne toujours, même lorsqu'elle est rendue sans apparat. Un jeune magistrat en poste à Montbard le confie au *Monde* : « Vous verrez, pour beaucoup de gens, surtout en milieu rural, aller au tribunal est très angoissant. » Au tribunal de Montbard, on cache ses mains dans ses poches pour masquer qu'elles tremblent. On comprend mal, aussi, le langage juridique. Comment savoir ce que signifie « titre exécutoire de l'injonction de payer » ? Bien sûr, les juges tentent d'expliquer. Mais le jeune magistrat ne peut que regretter de voir parfois des justiciables repartir sans avoir rien compris. On sort bien trop souvent des tribunaux de la justice quotidienne, qui font naître pourtant beaucoup d'espoir, en ayant mal compris. Les magistrats font tout leur possible pour se mettre à hauteur d'homme, mais la distance est trop grande. Cette distance qui abîme les vies.

Il y a ces jeunes qui subissent des discriminations liées à leurs origines, et en développent un sentiment de dépréciation. Parfois, « l'identité brillante qui scintille cède la place à l'identité blessée qui s'éteint ». L'image est empruntée aux sociologues Isabel Taboada Léonetti et Vincent de Gaulejac. Lorsque ces jeunes grandissent dans les quartiers et que leur adresse condamne leur CV, lorsqu'ils cumulent discrimination dans le monde du travail et discrimination dans l'accès au logement, discrimination dans l'accès aux formations et dans l'accès aux loisirs, lorsque l'habitat dégradé fait partie de leur paysage quotidien, comment pourraient-ils ne pas en nourrir un sentiment de rejet ?

Le dernier rapport de Jacques Toubon, Défenseur des droits, publié en juin 2020, a posé un constat d'une sévérité qui devrait interpeller chacun d'entre nous : « L'expérience répétée des discriminations et leur nature systémique ont des conséquences délétères et durables sur les parcours individuels, les groupes sociaux concernés et plus largement sur la cohésion de la société française [...]. Ces discriminations entament le rapport de confiance des individus à la société française et aux institutions [...], et alimentent ainsi une recherche d'identité douloureuse et un sentiment de désaffiliation nationale. » Le discours prédominant aujourd'hui, dès qu'il est question de recoudre les fractures territoriales, c'est le « on a tout essayé depuis quarante ans, et rien ne marche ». Je refuse d'être d'accord avec cela. Si les fractures persistent depuis quarante ans, si les fractures se creusent, si les discriminations succèdent aux discriminations, c'est que nous avons mal essayé. Et ce n'est pas seulement par maladresse. Les faits montrent que les politiques ont manqué de volonté. La conclusion du Défenseur des droits laisse peu de place au doute : les discriminations liées à l'origine persistent, dans tous les aspects de la vie quotidienne, et « demeurent orphelines de politique publique volontariste et ambitieuse pour les prévenir et les combattre ».

Agir face à la prévalence de ces discriminations est urgent. « L'urgence d'agir » : le titre du rapport (juin 2020) du Défenseur des droits ne tolère plus aucun renoncement ni aucun échec. Les témoignages présentés dans ce rapport ne sont pas seulement une compilation de drames individuels – j'insiste sur le mot « drame », car c'en est un lorsque vous êtes comparé à un terroriste durant un entretien d'embauche, que l'on refuse de prendre votre CV sur un salon, que l'on vous rencontre « dans le placard à balais du stand ». Ce sont les miroirs d'un drame social et collectif. Chaque coup de boutoir reçu lors d'une recherche de stage ou d'emploi détruit un peu plus la confiance en soi des personnes discriminées. Les situations de harcèlement discriminatoire au travail nourrissent un stress dangereux. L'état de santé se dégrade. Sur le marché de l'emploi, sur le marché du logement, à l'entrée des boîtes de nuit et dans les cabinets médicaux, l'égale dignité de toutes et de tous est remise en jeu à chaque instant. Plus nous l'abîmons, plus nous abîmons des femmes et des hommes, plus notre société s'abîme.

Les jeunes, et les moins jeunes, homosexuels et transsexuels, aux trajectoires de vie cabossées, marquées par l'éloignement d'une partie du réseau amical ou de parenté, bien plus fréquemment sujets aux épisodes dépressifs ou aux idées suicidaires que le reste de la population, s'abîment eux aussi. Comment oublier le visage grêlé d'adolescent d'Anthony, témoignant sur France 3 qu'il ne peut avancer sans le soutien de ses parents ? Ses parents qui, après qu'il leur a révélé aimer un garçon, lui ont installé en plein hiver un clic-clac dans le garage froid et humide de la maison familiale parce que son frère de dix-huit ans n'avait « pas envie de dormir avec une tapette » qui pourrait lui « faire des attouchements ». Anthony a tenu six mois. Lorsqu'il est parti, son père l'a déclaré mort à ses yeux. Comment oublier les mots d'Alice, qui a « perdu des membres de [sa] famille » en entamant sa transition vers le genre féminin ? Elle raconte la dureté de s'être vue mise en accusation, de s'être entendu dire que la rupture était de son fait, qu'elle était « le problème ».

Les jeunes qui, comme Anthony ou Alice, sont victimes du drame de l'homophobie et de la transphobie au sein même du foyer, victimes de violences psychologiques, physiques, quand ils ne sont pas expulsés du domicile familial, sont effroyablement nombreux. La douleur de l'exclusion, de l'abandon, de l'inacceptation, est immédiate. Les séquelles de la blessure ne s'effacent parfois jamais. Et viennent bien trop souvent s'y ajouter la perte de liens amicaux et les discriminations dans l'emploi, quand ce n'est pas également le harcèlement ou les agressions dans la rue. SOS Homophobie rappelle chaque année que la peur d'être dénigré, ou le dénigrement, en milieu familial, entraînent dans une spirale redoutable, de la haine de soi aux pensées suicidaires en passant par les mutilations physiques. Comment avoir à nouveau confiance en soi après l'expérience d'un rejet qui met si profondément en cause l'intimité ? À cinquante et un ans, la romancière Nina Bouraoui raconte dans une interview accordée à Annick Cojean qu'il lui a fallu « du temps, une thérapie, plusieurs étapes » pour se libérer de sa « propre homophobie, celle que l'on inculque aux jeunes homosexuelles en projetant sur elles des fantasmes pervers ». Et elle ajoute : « J'éprouve encore parfois une gêne. »

Les bénéficiaires de ce qui s'appelait hier la couverture maladie universelle complémentaire, aujourd'hui la complémentaire santé solidaire, éprouvent de la gêne chaque fois qu'ils tentent d'accéder à ce droit fondamental et inconditionnel qu'est le droit à la santé. Les refus de soins sont des humiliations violentes, et ils sont de plus la cause de fortes dégradations de l'état de santé. Vies abîmées au sens physique du terme quand les corps ne peuvent être soignés. Expériences avilissantes des rejets téléphoniques qui s'enchaînent. Lecture honteuse de ces feuilles A4 accrochées en toute illégalité derrière l'accueil du cabinet d'un praticien pour annoncer que les complémentaires santé solidaires ne sont pas acceptées. Mesure-t-on ce que peut être la souffrance d'une femme qui n'obtient plus de rendez-vous chez la gynécologue qui l'a suivie lors de ses deux premières grossesses parce qu'elle est bénéficiaire de la couverture maladie universelle au moment où elle attend son troisième enfant ?

Un *testing* conduit pour le Défenseur des droits en 2019 a mesuré l'ampleur des difficultés dans l'accès aux soins auxquelles sont confrontées les personnes vulnérables économiquement : 42 % d'entre elles ne parviennent pas à obtenir de rendez-vous chez un psychiatre, un gynécologue ou dans un cabinet dentaire. Ces refus de soins sont discriminatoires, car 12 % des cabinets leur ayant refusé un rendez-vous en proposent à des patients ne bénéficiant pas d'une aide au paiement des dépenses de santé. Alors que la précarité appelle le soutien, elle rencontre le rejet.

Quel bilan ! On amoche tellement de vies en France ! Les vies de ces femmes et de ces hommes exclus *de facto* des droits les plus fondamentaux, comme celui d'être soigné. Les vies de ces femmes et de ces hommes qui envoient des CV auxquels on ne répond jamais, qui remplissent des dossiers pour l'obtention d'une location qu'on ne considère pas, du fait d'un nom, d'un prénom, d'un lieu d'habitation, d'une couleur de peau. Ces femmes et ces hommes rejetés du fait de leur orientation sexuelle ou de leur identité de genre. Autant de vies dévalorisées. Autant de vies abîmées.

Vies invisibles ou vies méprisées par l'absence de considération et l'intolérance. Vies comme bloquées indéfiniment par l'absence de respect. La lecture de l'interview accordée à Solenn de Royer par Lila Bouadma, réanimatrice à l'hôpital Bichat et professeure de médecine, m'a tout à la fois remplie d'un immense espoir et d'un profond désespoir. Cette femme a gagné tous ses combats, de son enfance dans une cité ouvrière près de Belfort au conseil scientifique Covid-19 auprès du président de la République. Mais à quarante-quatre ans, alors qu'elle se présentait pour être nommée professeure de médecine, avec un CV parfait, elle s'est entendu dire par trois professeurs qu'elle n'était « pas digne de l'université ». Parce qu'elle était une femme, parce qu'elle était d'origine kabyle, parce qu'une maladie auto-immune lui a fait, à l'adolescence, perdre tous ses cheveux et qu'elle ne le cache pas. Quand aura-t-on enfin suffisamment piétiné le respect pour se décider à rebondir ? Axel Honneth, dans *La Société du mépris*, nous met face à la grande faille de la collectivité que nous nous sommes construite : « Une société peut aussi échouer dans un sens plus global, à savoir dans sa capacité à assurer à ses membres les conditions d'une vie réussie. » Nous bâtissons pour certains, nous acceptons pour les autres, un monde de souffrances nées du regard des autres, un monde de rejet de la différence. Un monde où, pour emprunter les mots de Frantz Fanon, « les choses font mal ; un monde où l'on [lui] réclame [qu'il se] batte ; un monde où il est toujours question d'anéantissement ou de victoire ». Un monde dont, sincèrement, personne ne voudrait pour ses enfants. C'est pourtant dans ce monde-là que nous les faisons grandir.

Bien sûr, certains s'en sortent. Seuls ou grâce aux solidarités amicales, familiales, sociales. Il y aura toujours des guerrières et des guerriers, plus durs aux coups, plus forts face aux humiliations, plus à même de dépasser les souffrances sociales. Ces mains tendues dont la chaleur effacera un peu l'effroi glacial que fait naître le mépris. La force de la jeunesse sera toujours là. Comme le courage des femmes. Gisèle Halimi nous appelait dans son dernier texte, avec sa farouche liberté, à défendre à chaque instant notre dignité : « Soyez donc sur le qui-vive, attentives, combatives ; ne laissez pas passer un geste, un mot, une situation, qui attente à votre dignité. » Gisèle Halimi donne l'énergie de ses mots aux opprimés : « Je sais que de ces valeurs d'opprimés – courage, endurance, résilience – peut jaillir une formidable créativité. » Il y aura toujours les marches des fiertés, les chars, la musique, la danse, le partage, la cohésion. Les artistes peindront toujours sur les murs, colleront dans les rues les visages de ceux qui sont la France et que l'on ne voit pourtant pas ailleurs. Comme les portraits en noir et blanc d'élèves de CM2, mis sur leur trente-et-un, et d'habitants de Bagneux, tous un livre en main, affichés sur les murs de la piscine de la ville à l'été 2020. L'œuvre, réalisée par la classe de l'enseignante Elsa Bouteville de l'école Joliot-Curie et l'artiste JR, a été conçue par les enfants pour porter un message d'espoir et dire à tous qu'en banlieue « on est des gens bien aussi ». Les visages de ces gens bien éclairent la rue comme ils éclairent l'avenir.

Mais combien de vies discriminées ? Combien de vies dévalorisées ? Combien de vies dépréciées ? Et pourquoi, au nom de quoi accepte-t-on cela ? Pourquoi acceptons-nous la souffrance de tous ceux qui savent que leur vie compte mais n'est pas reconnue comme telle ?

Bien sûr, certains s'en sortent.

Mais reste la souffrance sociale des femmes et des hommes dans leur vie dépréciée, supportant le poids des humiliations subies. Restent aussi l'intériorisation de cette souffrance, de ces humiliations, et parfois, pour emprunter quelques mots à l'écrivaine Lola Lafon, ces « minuscules hontes qui nous tiennent et qui font que l'on reproduit sans arrêt ce qui nous détruit ».

Populaire

La jeune Cléo du roman *Chavirer* de Lola Lafon s'ennuie aux cours de danse classique, et sait en quelques instants quels sont ses rêves lorsqu'elle voit des danseurs de modern jazz quitter le plateau d'une émission de Michel Drucker. Le modern jazz, culture populaire. J'ai entendu en interview Lola Lafon dire que le mépris que certains ont pour cette danse est « un mépris pour les gens qui aiment », que ce n'est pas tant le spectacle qui est méprisé que ses spectateurs, que parler de mauvais goût revient à exprimer un jugement de classe. Et c'est tellement vrai, on l'entend suinter si souvent, ce jugement de valeur porté sur les personnes par les commentateurs « de référence » lorsqu'ils accolent l'adjectif « populaire » au terme « culture » pour déprécier la valeur d'un artiste, d'un spectacle, d'une danse, d'une chanson, d'un film, d'une série, d'un roman, et le goût de ceux qui les apprécient.

On moque si facilement le goût des autres. Et ne nous cachons pas derrière de fausses pudeurs. Nous avons pleinement conscience que, ce faisant, nous moquons les autres aussi. Oh, bien sûr, les commentateurs émettent quelques remords parfois, dans les pages nécrologiques le plus souvent. On reconnaît alors à Annie Cordy d'avoir été une « immense », « éclectique », « rayonnante » artiste. On salue en Victor Lanoux le grand comédien, même si l'on ne manque pas de regretter une fin de carrière dédiée au « petit » écran ni d'évoquer la « facilité » d'une série familiale du samedi soir (il ne faudrait tout de même pas que l'on puisse tenir pour des divertissements d'égal intérêt un épisode de *Louis la Brocante* et une soirée à l'Opéra-Bastille !). S'il existe aux yeux de certains des « pratiques culturelles légitimes », c'est bien que d'autres ne soient pas reconnues comme telles. Dans une vision aristocratique du cinéma, de la musique ou de la littérature, certains ont le sang bleu et d'autres pas. De la recherche de la « distinction » au mépris pour le « commun », la frontière est mince.

Ce mépris a un coût social important. Car il affecte ceux envers qui il s'exprime, même indirectement. Commentant sur les antennes de France Culture son ouvrage *No Society*, le géographe Christophe Guilluy disait à propos des personnes naissant et vivant en milieu populaire : « Ce n'est pas grave. On peut faire sa vie, aimer, avoir des enfants, être heureux – à une condition : être respecté culturellement et être intégré économiquement. » Entendre ses goûts rabaissés, c'est à l'inverse faire l'expérience du déni culturel. C'est faire également l'expérience de l'entre-soi des autres qui vous laisse à la porte et du grand questionnement que cette non-inclusion, que cette exclusion entraîne : en quoi ne suis-je pas assez bien pour en être ?

Souvent moquées par les critiques « légitimes », les cultures populaires sont longtemps restées en France le parent pauvre de la sociologie de la culture. Aux États-Unis, dès 1974, Howard Becker explique dans son article « Art as collective action » qu'il a « souvent comparé des formes d'expression artistique ou des œuvres d'art de réputation extrêmement inégale [...], rapproché Titien et les bandes dessinées [...], traité avec le même sérieux les musiques de films d'Hollywood, des chansons rock et les œuvres de Beethoven ou de Mozart ». Il ne s'agissait pas de poser une équivalence entre toute forme d'expression culturelle. Simplement de reconnaître à toutes un intérêt. Aucun travail de cette nature n'a été entrepris pendant des décennies par l'Université française.

On peut pourtant accorder de la valeur sociale à un artiste, un spectacle, une danse, une chanson, un film, une série ou un roman qui appartiennent à la culture populaire sans faire preuve de démagogie. La démagogie, c'est faire l'article d'une œuvre populaire parce qu'elle est populaire. C'est ce que Pierre Bourdieu dénonçait, dans ses *Méditations pascaliennes*, comme un faux culte. La célébration par principe est aussi méprisante, au fond, que le rejet par principe. Ni l'une ni l'autre n'assument un avis constructif. Elles sont dans la position du roi nu d'Andersen jusqu'à ce qu'enfin dans la foule un enfant s'exclame : « Mais il n'a pas d'habits du tout ! » Faire preuve de respect pour la valeur sociale d'une œuvre n'exclut ni la discussion ni le regard critique. Cela demande simplement d'accepter de s'y intéresser.

La culture populaire a de la valeur sociale, et c'est pourquoi non seulement on peut, mais on doit lui en accorder. Nous savons grâce à la philosophe Sandra Laugier, spécialiste des séries télévisées, que l'un de ses fondements est « la transmission de valeurs partagées qui viennent d'individus ordinaires ». La culture populaire – les séries télévisées, le rap, la bande dessinée, le roman de gare, le polar... – est un vecteur de valeurs. De valeurs essentielles, ajoute Sandra Laugier, qui s'attache à mettre en évidence « la compétence morale de personnes ordinaires [...], et pas seulement de personnes qui ont le pouvoir, que ce soient les intellectuels ou les philosophes moraux ». La compétence morale va au-delà du raisonnement et de la connaissance. Elle est affaire de sensibilité, de perception, d'appréhension des personnes et du monde. Elle est indispensable à l'acceptation des différences et à la reconnaissance des personnalités. Elle est indispensable, autrement dit, à l'expression du respect. Elle est indispensable à l'ouverture aux autres. À travers la sensibilité, ce ne sont ni le savoir ni la théorie qui prévalent. C'est autre chose qui compte. Cette autre chose qui me permet de créer de véritables relations sociales. C'est la sensibilité, et non l'érudition, qui est au fondement de l'humanité.

Respecter, c'est aussi reconnaître la compétence morale de chacun. Et l'intérêt de ses goûts. Et de ses opinions.

Le mépris pour les choix, pour les goûts dits populaires se retrouve avec violence dans les jugements portés sur certains résultats électoraux par des éditorialistes auxquels ils ont l'inconvenance de déplaire. Ce mépris-là est une remise en cause des fondements même de notre démocratie, qui donnent à chaque voix une égale valeur. Le 11 avril 2005, dans les pages du *Figaro*, Alain Minc écrivait, à propos du référendum sur le traité établissant une Constitution pour l'Europe, que « le référendum est pareil à une "vérole" antidémocratique que la France aurait propagée dans l'ensemble de l'Europe ». Le 15 avril de la même année, sur le plateau de LCI, Claude Imbert fantasmait « un garçon qui bosse toute la journée dans une usine à côté de Nancy. Il rentre tard le soir. J'aime autant vous dire qu'il a envie de boire une bière, il ne va pas regarder la Constitution dans le détail ». Il y avait donc ceux auxquels on reconnaissait une compétence pour voter (les « intellectuels »? les cadres supérieurs? les professions libérales? les buveurs de whisky dans l'enceinte feutrée d'un bureau en bois?), et les autres. Autant de commentateurs ignorant volontairement une réalité: les Français s'étaient massivement emparés du débat et plongés dans la lecture du projet de traité. Le 30 mai, après la victoire du non, Serge July signait dans le journal *Libération* un édito au titre évocateur, « Chef-d'œuvre masochiste », pour dénoncer ce qui était à ses yeux « un désastre général et une épidémie de populisme qui emportent tout sur leur passage, la construction européenne, l'élargissement, les élites, la régulation du libéralisme, le réformisme, l'internationalisme, même la générosité ». Un « chef-d'œuvre » de mépris, oui.

Demandons-nous, après, ce qui nourrit l'abstention ! Le vote blanc n'est pas reconnu, le vote pour les extrêmes est décrié, le choix d'un camp lors d'un référendum est dénigré comme étant celui de l'ignorance.

Chaque voix compte pourtant. Autant que chaque autre. Il n'y a pas de bon ou de mauvais vote. Il y a le droit de vote. Le suffrage universel.

Rendre sa valeur à chaque voix. Rendre sa valeur à chaque vie. Donner de la valeur sociale aux goûts et aux choix de ceux qui vivent dans un milieu populaire comme à ceux de l'élite. C'est ça, retrouver le chemin du respect.

Le jaune contre l'indifférence

En août 2019, Florence Aubenas a livré dans les colonnes du *Monde* un reportage sur quelques semaines passées en Lozère, à l'hypermarché de Mende. On croise dans les rayons de l'hyper un employé d'hôpital qui préfère éviter un stand de dégustation par crainte qu'on tente de lui vendre quelque chose, par « peur de ne pas oser dire non. Peur de paraître pauvre ». On s'attache à un éleveur qui préfère ne pas connaître le prix du fromage fabriqué à partir du lait de brebis qu'on lui achète sans qu'il puisse négocier, pour ne pas ressentir l'humiliation. On rencontre aussi trois filles qui en décembre 2018 se sont connues sur le rond-point des Fontanilles ; sur le rond-point, les gilets jaunes « se montraient leur fiche de paie dans un pays où tout reste caché ».

Dans l'hypermarché de Mende, on croise la honte puis la prise de conscience qu'il n'y a pas à avoir honte, ni de ce que l'on gagne ni de ce que l'on peut, ou que l'on ne peut pas, s'acheter. C'est l'une des forces du mouvement des gilets jaunes. Ce mouvement a appelé plusieurs dizaines de milliers de personnes à relever la tête. Elles ont compris qu'elles partageaient les mêmes difficultés et qu'elles n'avaient donc pas à avoir honte. Qu'elles avaient leur place, sur les ronds-points comme dans la société. Bernard, ancien thermicien, confie ainsi au *Monde* : « Les gens pensaient qu'il n'y avait qu'eux qui avaient des difficultés. Mais ici tout le monde se raconte et on se rend compte qu'on a un peu tous les mêmes problèmes. » Partagées, les galères sont moins lourdes ; le sentiment d'un échec personnel se transforme en prise de conscience que des milliers d'autres ont en commun la même dureté du quotidien, des activités et des boulots dont il faut mesurer le coût en litres d'essence, des plaisirs qu'il n'est possible de s'offrir qu'en renonçant à d'autres choses, la peur du déclassement.

Il a beaucoup été dit sur le symbole des gilets jaunes. Leur couleur était éclatante comme un appel forcé au regard, comme une revendication de respect : j'existe, je suis là, ne passez plus à côté de moi en détournant les yeux. Le jaune comme arme contre l'indifférence. Le jaune pour être traité avec humanité. Le jaune pour être écouté. Le jaune comme appel désespéré au respect.

Sur les ronds-points de Lozère et du Pas-de-Calais, d'Ille-et-Vilaine et de Haute-Vienne, les gilets jaunes ont fait l'expérience de l'estime sociale. Leur combat a été (au moins en partie, au moins pour certains d'entre eux) un combat pour cette expérience. Il a ainsi été beaucoup plus qu'un agrégat de mécontentements ou de déceptions. Les ronds-points occupés appelaient, exigeaient le regard, comme le jaune des gilets. À l'entrée, à la sortie des villes, on ne peut éviter les ronds-points. Quel meilleur lieu alors pour réclamer la considération à laquelle chacun a droit, au même titre que tous les autres, même si les fins de mois sont difficiles à boucler, même si le travail est morcelé, même si les vacances sont rares ? Quel meilleur lieu, alors que, comme l'a dénoncé l'urbaniste Yoann Sportouch, les centres-villes sont à l'abandon, et leurs places ne font plus sens ?

Sur les ronds-points, une attitude permise par les rencontres et la force des collectifs : relever fièrement la tête parce que la société aura enfin reconnu à leur juste valeur ceux qui les occupent. Relever fièrement la tête pour faire taire le mépris. Toujours dans les colonnes du *Monde*, en décembre 2018, Yohann, un des porte-parole du mouvement installé à l'entrée de Marmande, veut aller « marcher sur les bobos », sur « les gens de la métropole qui nous qualifient de sauvages, qui nous méprisent parce qu'on ne pense pas et qu'on ne vit pas comme eux ». On ressent dans ces propos l'immense besoin de reconnaissance sociale et la douleur de se sentir perçus comme des citoyens menant une vie qui ne vaudrait pas grand-chose, de se sentir jugés (on a entendu, dans beaucoup d'assemblées de gilets jaunes, « ici, il n'y en a pas un plus haut que l'autre, personne pour te juger »). On ressent aussi dans ces propos, publiés quinze jours après le samedi où l'Arc de triomphe a été pris d'assaut, une violence décomplexée, comme si la quête du respect devait se faire contre les autres, comme s'il fallait nécessairement en venir à l'attaque. Comme si seule la violence permettait de se faire entendre, quand on est intimement convaincu que les politiques ne s'intéressent pas aux galériens du quotidien et que les médias déforment les propos et les images. Réclamer le mandat impératif pour dire l'immensité de sa défiance. Prendre la parole en suscitant la peur. Obtenir le retrait d'une taxe, le retour d'un service public, l'attention, tout simplement l'attention, en suscitant la peur. Quatre jours après les débordements du 1er décembre, le président de la République annonçait l'annulation de la hausse des taxes sur le carburant. Une avancée dans la quête du respect des gilets jaunes arrachée derrière des barricades en feu. Comme si le respect ne pouvait plus s'obtenir en France qu'au prix de la violence.

Bien sûr, cette violence n'a jamais été celle de tous les gilets jaunes, et beaucoup ont trouvé dans les réunions organisées à l'occasion du grand débat un cadre adapté d'expression et de reconnaissance. Mais on ne peut nier ni qu'elle a existé ni qu'elle a contribué à la résonance du mouvement, et à la satisfaction de certaines de ses revendications.

Ce sont bien l'augmentation de la taxe carbone et son effet sur le prix de l'essence, et non la baisse du montant des aides personnelles au logement, la hausse de la CSG pour certains petits retraités ou la suppression de l'impôt sur la fortune, qui ont constitué l'étincelle à l'origine du mouvement des gilets jaunes. Cette décision d'augmentation était la traduction pure et parfaite d'une totale déconnexion de gouvernants paraissant ignorer que, sur la plupart des routes de France, la voiture individuelle n'est pas un choix, mais une contrainte.

Tout le reste était passé. Mais ça…

Du début du quinquennat d'Emmanuel Macron au premier samedi jaune, les décisions justifiées par l'idéologie des premiers de cordée n'avaient pas suscité de grands mouvements sociaux. Alors même que rien ne fonde économiquement ni n'illustre historiquement la théorie du ruissellement. Que c'est même le pire contrat social qui puisse être conçu : il y aurait les premiers et les autres, ceux qui sont en haut et ceux qui sont maintenus en bas, ceux parmi lesquels on se reconnaît et ceux que l'on dénigre, ouvertement ou à mots feutrés. Une astuce politique de bas étage permettant de justifier des choses insensées : donner plus à ceux qui ont déjà presque tout, demander toujours plus d'efforts à ceux qui sont épuisés d'en faire, défendre les inégalités économiques et sociales au titre de leur prétendu effet positif en rebond, supprimer l'ISF tout en réduisant le montant des APL… Les citoyens avaient non pas accepté, mais consenti à ce que cette idéologie soit érigée en colonne vertébrale d'une politique économique et fiscale.

Ils ont laissé passer, aussi, les grands discours présentant les riches exilés fiscaux comme des héros qu'il fallait faire revenir au pays. Et auxquels ensuite il fallait tout accorder pour éviter surtout qu'ils ne repartent, qu'ils ne soient tentés à nouveau d'aller planquer leurs fortunes. Que de beaux hommages rendus à ceux qui font le choix du séparatisme social pour éviter de partager en impôts quelques millions sur leurs centaines de millions ! Ils auraient pu susciter des vagues d'indignation populaire. Ça n'a pas été le cas. Ce n'est pourtant pas facile d'entendre un président de la République dire à des exilés fiscaux installés en Belgique : « Beaucoup d'entre vous sont parfois partis pour ce qui était à l'époque de bonnes raisons. » Quel manque de considération pour tous les autres, pour les classes moyennes qui s'acquittent de l'impôt sur le revenu, pour les plus modestes qui financent au quotidien les services publics à travers la TVA ! Quelle violence symbolique ! Le président de la République n'a toutefois pas à s'inquiéter : ce n'est pas la frontière franco-belge, ou la frontière franco-suisse, qu'ils chercheront à passer. Ce sont les isoloirs qu'ils ne rejoignent plus. Sans chantage. En silence.

Des premières semaines du quinquennat d'Emmanuel Macron au premier samedi jaune, « la longue apathie de nos concitoyens devant les multiples restrictions et suppressions appelées réformes donnait l'illusion de l'acceptation ou de la résignation » (ce sont les mots d'Edgar Morin en décembre 2018). Mais l'augmentation de la taxe carbone, ça a été la triple peine : n'avoir pas d'autre choix de mobilité que la voiture individuelle ; être pointé du doigt pour cela ; et voir son budget grevé un peu plus encore. Une illustration de la politique du mépris visant une population en quête désespérée de respect. Le temps de l'apathie était terminé.

La quête du respect de nombreux gilets jaunes s'est nourrie d'une triple lassitude. La lassitude face au sentiment permanent de ne pas être considéré, voire parfois d'être méprisé par les politiques ou les habitants des grandes villes. La lassitude de ne jamais parvenir à boucler ses fins de mois quels que soient les efforts consentis, et finalement la conviction de travailler pour rien. La lassitude, enfin, face à trop de contraintes et à la détérioration de la qualité de vie. Le relâchement du tissu des services publics, des commerces de proximité et des associations participe du délitement des interactions sociales qui a alimenté le mouvement des gilets jaunes. Le Conseil d'analyse économique a documenté, dans une note publiée en janvier 2020, le lien entre son émergence et la disparition d'équipements publics et privés. S'appuyant sur les travaux de Christophe Guilluy, il souligne que le mouvement émanerait « d'une classe moyenne inférieure qui avait choisi d'habiter à l'écart des grandes métropoles mais se trouve confrontée à la désertification croissante de son environnement ».

La fermeture dans une commune d'un bar-tabac, d'une épicerie, de la dernière librairie, de la seule salle de cinéma, transforme un lieu de vie choisi en lieu sans vie, souvent impossible à quitter pour des raisons économiques. Les habitants paient ces transformations dans leur chair, d'autant plus lorsqu'elles s'accompagnent d'une dévitalisation du bassin d'emploi. Le constat fait par Christophe Guilluy dans *No Society* est glaçant. Les inégalités de mortalité se creusent, l'espérance de vie dans les départements ouvriers du Nord et du Pas-de-Calais est inférieure à la moyenne nationale. Le « processus de régression sociale entamé dans les années 1970 et dans les milieux populaires [aboutit] aujourd'hui à une mort par désespoir de catégories qui, hier, faisaient partie d'une classe moyenne intégrée ».

La mort par désespoir: le désespoir face à une vie qui se défait, à l'accumulation de contraintes qui enferment, à un horizon définitivement bouché, pour soi et pour ses enfants. Le concept a été conçu par les économistes de Princeton Anne Case et Angus Deaton pour expliquer l'augmentation du nombre de suicides et de morts par overdose aux États-Unis dans un contexte de déclin de la classe ouvrière blanche, établissant ainsi une relation directe entre l'accroissement des inégalités et la diminution de l'espérance de vie.

Emmanuel Macron, le 29 juin 2017, a donné sa vision de la société : une société faite des « gens qui réussissent » et des « gens qui ne sont rien ». Effrayante confusion entre l'être et l'avoir. Plus effrayante encore dans la bouche d'un président de la République. Les mots ont un sens pour ceux qui les entendent, surtout les mots de ceux qui ont été élus pour les représenter. Lorsque ces mots viennent percuter les difficultés du quotidien, ils abîment le respect qu'on a de soi-même. Faire fortune serait-il vraiment une fin en soi ? Ne peut-on être heureux de ce que l'on construit, même lorsque l'on doit faire attention à chaque fin de mois ? N'y a-t-il vraiment que les startuppeurs « à succès » qui méritent d'être considérés ? On a beau être sûr de ses valeurs, fier de ses choix, de l'éducation qu'on donne à ses enfants. On a beau être sûr de sa valeur et se regarder la tête haute dans la glace. On a beau être satisfait de sa vie, de son quotidien, de sa famille. Être réduit à sa situation économique, ça ébranle. Déjà, un autre avait dit : « Si à cinquante ans on n'a pas une Rolex, c'est qu'on a raté sa vie. » Que certains partagent cette vision de la réussite, c'est assez triste pour eux, mais au fond ça les regarde. Mais qu'ils ne la présentent pas comme un modèle ! C'est prétentieux, arrogant, méprisant. Qu'ils continuent à s'amuser entre eux avec leurs concours de Rolex au lieu de blesser gratuitement par leurs phrases assassines ceux que les montres de luxe n'intéressent pas.

Paroles publiques

Avril 2017, campagne présidentielle. Dans les quartiers de Basseau, à Angoulême, plusieurs jeunes venus à la rencontre de l'équipe du candidat Benoît Hamon expriment leur sympathie avec un bémol : « Nous, on ne peut pas voter pour vous parce que vous portez l'étiquette d'un parti qui n'a pas de parole. »

Un événement ne leur avait pas échappé dans le flot d'informations en continu sur l'élection présidentielle : des candidats à la primaire citoyenne de la gauche avaient trahi leur engagement, écrit, de soutenir le candidat qui en sortirait vainqueur. François de Rugy (encore inconnu), et surtout l'ancien Premier ministre Manuel Valls. Personne n'a eu de mots plus justes sur le comportement de ce dernier qu'Arnaud Montebourg dans un tweet : « Chacun sait désormais ce que vaut un engagement signé sur l'honneur d'un homme comme

Manuel Valls : rien. Ce que vaut un homme sans honneur. »

En trahissant sa parole, en courant appuyer Emmanuel Macron dans l'espoir de quelque récompense future après s'être engagé à donner son soutien à son adversaire victorieux, Manuel Valls n'a pas seulement perdu son honneur. Il a mis en cause celui du Parti socialiste tout entier. Il a sali la campagne présidentielle. Il a abîmé la démarche de tous ceux qui s'étaient rendus aux urnes pendant la primaire. Il a nourri la défiance vis-à-vis de la démocratie. Combien de jeunes que nous avons rencontrés ce jour-là n'ont ensuite tout simplement pas voté ?

Pourtant, Manuel Valls s'était illustré quelques mois plus tôt, afin de peaufiner à bon compte son image médiatique d'autorité tout en s'arrogeant le rôle de sélectionneur de l'équipe de France masculine de football, en se fendant d'un : « Un grand sportif, ça vaut pour Karim Benzema, ça vaut pour d'autres, doit être exemplaire. Et s'il n'est pas exemplaire, il n'a pas sa place dans l'équipe de France. »

L'exemplarité dans le football, pourquoi pas ? Ce sont des déclarations faciles pour un Premier ministre à qui l'on tend le micro. Mais l'exemplarité est avant tout une valeur cardinale pour l'action de tout homme politique. L'exemplarité, c'est-à-dire pour commencer la probité, l'intégrité et le respect de la parole donnée. Un respect que l'ancien Premier ministre n'a pas hésité à piétiner.

Il s'est bien sûr trouvé des excuses. Ceux qui n'ont pas de parole en trouvent toujours, de nombreuses. Sans jamais assumer que pour eux leur carrière prévaut sur tout le reste. Sans jamais assumer qu'on leur a promis, ou fait miroiter, un poste de prestige ou une circonscription sans adversaire. Leurs excuses sont d'autant plus pénibles à entendre quand ils se gargarisent de grands mots pour « justifier » leurs forfaitures. C'est soi-disant au nom de l'« intérêt supérieur du pays » que Manuel Valls a annoncé trahir le résultat des urnes. Quand la bouffonnerie rencontre la tragédie.

La parole politique a perdu sa valeur. La parole politique a perdu sa superbe. Nos « responsables » politiques ont totalement perdu le sens du respect. Le constat n'est malheureusement pas partisan.

On se souvient des longues secondes de silence de Georges Pompidou interrogé en 1969 sur le suicide de l'enseignante Gabrielle Russier. Suivies de ces mots : « Je ne vous dirai pas tout ce que j'ai pensé sur cette affaire… Ni même…

ce que j'ai fait. » Puis de ces vers d'Éluard, gravés dans la mémoire politique, qui ont permis à l'ancien professeur de français, comme l'était Gabrielle Russier, de contenir son émotion :

Comprenne qui voudra,
Moi mon remords ce fut,
La victime raisonnable
Au regard d'enfant perdue,
Celle qui ressemble aux morts,
Qui sont morts pour être aimés.

De l'autre côté de la Manche, Winston Churchill reçut certes le prix Nobel de littérature avec un peu d'amertume, car il rêvait du Nobel de la paix. Mais cette récompense est venue couronner le brio avec lequel le Premier Ministre britannique maîtrisait la langue et le vocabulaire, la plume et les discours. On ne peut qu'être saisi par la force de ces mots prononcés le 4 juin 1940 devant le Parlement, et inscrits dans la mémoire collective des Anglais : « Nous irons jusqu'au bout. Nous nous battrons en France, nous nous battrons sur les mers et les océans, nous nous battrons avec toujours plus de confiance ainsi qu'une force grandissante dans les airs, nous défendrons notre île, quel qu'en soit le prix. Nous nous battrons sur les plages, nous nous battrons sur les terrains de débarquement, nous nous battrons dans les champs et dans les rues, nous nous battrons dans les collines ; nous ne nous rendrons jamais. »

Où en sommes-nous aujourd'hui ? Faut-il rappeler le « Casse-toi, pauvre con » ? Faut-il donner de l'importance à ce qu'un président, pour faire « nouveau monde », humilie devant les caméras un jeune à la recherche d'un emploi en rapport avec sa formation ?

Faut-il encore s'étonner que la radicalité des invectives ait désormais remplacé toute radicalité de la pensée ? La parole politique a perdu sa superbe pour tomber bien bas. Les ministres se pensent populaires quand ils parlent de bière et de frites ; on ne serait pas surpris qu'ils envoient des communiqués de presse pour le faire savoir. Une porte-parole du gouvernement « assume de mentir ». Les mouvements sociaux sont commentés avec dédain. Des dizaines de milliers de personnes manifestent pour signifier leur rejet d'une réforme ? C'est qu'elles ne l'ont pas comprise. Il faut juste s'attacher à « faire plus de pédagogie » ! Les tentatives désormais systématiques pour affaiblir toute critique et toute contestation en annonçant « plus de pédagogie » sont une insulte à l'intelligence des citoyens. Comme si les Français n'étaient pas capables de se forger une opinion. Juste trop bêtes pour savoir ce qu'ils font quand ils disent non. Quand ils proposent un autre projet. Quand ils se battent pour défendre leurs droits.

Les discours et les interviews politiques sont découpés en bandeaux pour chaînes info. Mieux vaut tenter de faire le buzz pour en être. Un ministre ne cisèle plus une pensée, il fait des variations sur des éléments de langage qui transpirent la facilité et le mépris pour les citoyens auxquels ils sont adressés. Les débats télévisés servent à montrer les muscles, sauf ceux du cerveau. Heureusement, tous les responsables politiques n'ont pas un rapport aussi compulsif que Donald Trump aux réseaux sociaux, et la grande majorité a compris qu'écrire en majuscules n'était d'aucune utilité. Ils n'en font toutefois pour la plupart qu'un usage désolant. On tacle, on s'indigne, on insulte. On commente. Puis on commente les commentaires. On compte les *likes* et les reprises. Mais quand prend-on le temps d'échanger, de dialoguer, de bâtir avec les citoyens un projet de société ?

La parole politique a perdu sa superbe et elle a perdu sa valeur. Notre démocratie n'en est pas seulement mise à mal, mais mise à terre.

Les programmes électoraux sont de longs recueils de promesses. Pourquoi pas ? Dans *De la révolution*, Hannah Arendt a désigné la faculté de faire des promesses comme étant à ses yeux, dans le domaine politique, « la plus haute faculté humaine ». Pour la philosophe (cette fois dans *La Crise de la culture*), « tout le travail politique est et a toujours été accompli à l'intérieur d'un cadre élaboré de liens et d'obligations pour l'avenir [...] qui dérivent tous en dernière instance de la faculté de promettre et de tenir ses promesses face aux incertitudes essentielles de l'avenir ». La promesse, autrement dit, est naturellement au cœur de l'engagement politique. Les responsables politiques proposent, en promettant, une société qu'ils s'engagent à construire ; Hannah Arendt ajoute, dans la *Condition de l'homme moderne*, qu'« il y a dans la faculté humaine de faire des promesses et de les respecter un élément de la capacité de l'homme à bâtir un monde ».

Le problème aujourd'hui est que les responsables politiques paraissent avoir oublié que les citoyens n'attendent pas seulement d'eux qu'ils fassent des promesses, mais également qu'ils les respectent. Leur profusion ne soulèverait pas de difficultés si elles n'étaient pas conçues comme des subterfuges de communication. La pression des médias durant les campagnes électorales accentue parfois la tendance à présenter dans les programmes un inventaire de réponses à tous les sujets possibles et imaginables. Une fois au pouvoir, l'engagement à tenir les promesses fond comme neige au soleil, malgré l'affirmation de la volonté de rendre des comptes. La mauvaise foi entre de plus en plus rapidement en scène, parfois après seulement quelques semaines. On s'abrite derrière les excuses d'une conjoncture qui a changé, des difficultés de calendrier, des contraintes de l'Union européenne, ou même d'un imprévu budgétaire habilement mis en lumière par un rapport publié sur commande pour oublier une grande partie des engagements.

La récurrence des promesses faites et non tenues n'a pas seulement démonétisé la politique et les politiques. Elle a mis à mal l'idée même d'engagement. La confiance des citoyens a trop souvent été sollicitée à grand renfort de paroles en l'air. Comment s'étonner dès lors qu'ils ne se rendent plus aux urnes ? Et quand des citoyens s'éloignent des urnes, d'autres se retirent des réunions de partis, des distributions de tracts sur les marchés, des rencontres publiques. Alors, bien sûr, les citoyens continuent à s'engager, loin, très loin du monde politique, dans des associations, en France ou ailleurs dans le monde, dans des projets locaux, pour des combats environnementaux, en soutien à des familles de demandeurs d'asile ou à des enfants malades. On ne peut que se féliciter de ces engagements. Les citoyens font souvent d'ailleurs ainsi bien plus de politique qu'à travers les partis ou les mouvements politiques, en se mettant au service de la justice sociale, en créant des relations humaines, en rendant le sourire, en donnant chair aux notions de solidarité et de fraternité, en contribuant à façonner une société meilleure. Ce n'est pas parce que l'on agit dans sa rue que son action est moins importante. Mais ces engagements citoyens ne sauraient combler seuls les failles que font naître dans notre démocratie représentative les incessants défauts de respect de la parole donnée.

Que la fin du XXe siècle semble lointaine, quand Robert Badinter, ministre de la Justice, rappelait aux membres de l'Assemblée nationale, à l'ouverture des débats sur la loi portant abolition de la peine de mort, la force et le poids du respect de l'engagement politique : « Lorsque vous la voterez, c'est ce pacte solennel, celui qui lie l'élu au pays, celui qui fait que son premier devoir d'élu est le respect de l'engagement pris avec ceux qui l'ont choisi, cette démarche de respect du suffrage universel et de la démocratie qui sera la vôtre. »

Ce pacte solennel a mille fois depuis été enterré.

On se souvient que le candidat Macron s'était engagé dans son programme à placer la France en tête du combat contre les perturbateurs endocriniens et les pesticides, ou encore à ne pas toucher à l'âge de départ à la retraite ni au niveau des pensions. On connaît la réalité du quinquennat.

Et puis est survenue la pandémie de la Covid-19, qui a fragilisé notre système de santé, notre économie, et a créé le terreau de nouvelles injustices sociales. Plusieurs des prises de parole politiques pendant cette crise ont définitivement brisé la confiance des citoyens envers le pouvoir. Je ne parle pas du débat autour de l'hydroxychloroquine. Ni des arbitrages sur le périmètre et la nature des confinements, des couvre-feux, des reconfinements. Je ne parle pas du choix de fermer les librairies. Ni de celui de désigner certaines activités comme « non essentielles ». Je parle du revirement de la doctrine gouvernementale sur l'utilité du port du masque : la seule justification de la première position du pouvoir était qu'il valait mieux affirmer l'inutilité des masques que d'assumer une défaillance dans la gestion des stocks. Même à un enfant que l'on ne pense pas encore susceptible de tout comprendre on montre davantage de respect. Qui pouvait croire que les Français seraient dupes d'un si grossier tour de passe-passe ? Qui peut croire que cela n'a pas eu d'impact sur l'explosion du taux d'abstention au deuxième tour des municipales ? Et que cela n'en aura pas lors des scrutins à venir ?

Le respect des citoyens, le respect du vote, le respect de la démocratie représentative, exigent une parole politique transparente et de vérité. La défaillance de cette parole nous entraîne vers l'abîme. Elle endommage mandat après mandat la démocratie, dissout les fondements même de l'autorité. La mécanique est imparable : lorsque le pouvoir ne respecte pas ses promesses, il ne parvient plus à susciter le respect. Or, ainsi qu'Hannah Arendt nous l'a appris dans son essai *Sur la violence*, « l'autorité ne peut se maintenir qu'autant que l'institution ou la personne dont elle émane sont *respectées*. Le mépris est ainsi le plus grand ennemi de l'autorité, et le rire est pour elle la menace la plus redoutable ». Les temps sont si rudes que nous ne rions plus. Et les institutions fragilisées par le défaut de respect montré aux citoyens sont à leur tour l'objet de leur mépris.

Propagandistes de la haine

Je fais parfois preuve de naïveté. Je me réjouissais vraiment, en septembre 2017, d'échanger sur la rentrée scolaire et les enjeux de l'école sur le plateau de LCI. J'avais refusé une invitation similaire de BFM chez Ruth Elkrief en cédant au nom de David Pujadas (un ancien présentateur de JT, quand même, et c'étaient les débuts de son émission) et à la présence annoncée d'Alain Finkielkraut autour de la table (qui promettait un débat sur le fond assez intense).

Cette émission a constitué ma pire expérience télévisuelle. « Débattre » avec Alain Finkielkraut s'est en effet révélé un exercice plus que déroutant. Il ne croise jamais votre regard et ne recherche l'échange à aucun moment. À l'instant même où le présentateur le sollicite, il assène quelques points de vue et beaucoup de contrevérités. Le reste du temps, il lit des magazines qu'il a apportés, avec un dédain assumé pour ceux qui partagent sa table et auxquels il montre ainsi sans ambiguïté son absence totale de considération.

Mais j'aurais dû m'en douter ! Car ce n'est pas étonnant de la part d'un « intellectuel » qui ose parler d'« indigence vertigineuse de la pensée » pour dénigrer, après sa disparition, Stéphane Hessel. D'un « intellectuel » qui semble systématiquement indifférent aux blessures que peuvent porter ses mots, se permettant en 2005 de dire de l'équipe de France de football qu'« elle est black-black-black, ce qui fait ricaner toute l'Europe », ou qui « blaguera » en 2019 sur le viol en s'exclamant sur un plateau télévisé : « Je dis aux hommes : "Violez les femmes !" ; d'ailleurs je viole la mienne tous les soirs. » Il est tellement facile ensuite, pour se dédouaner de ses propos, de plaider l'ironie.

Au quotidien, Éric Zemmour et Ivan Rioufol sur CNews. Arnaud Stephan sur LCI. Gabrielle Cluzel sur les deux chaînes. Il y a quelques années, Marc-Édouard Nabe sur France 3. Jusqu'en janvier 2021, Alain Finkielkraut sur LCI. Écarté de l'antenne pour avoir affirmé qu'il lui semblait nécessaire de s'interroger, à propos de faits de pédocriminalité et d'inceste, sur l'existence ou non d'un consentement et d'une forme de réciprocité, il s'est dit « bâillonné », victime « d'une éviction injuste » alors qu'il « essayait juste d'avoir une pensée subtile ».

La haine et le mépris ont désormais plateau ouvert sur toutes les chaînes de télévision, comme si les mots ne blessaient pas, comme si les injures médiatiques ne faisaient pas souffrir. Comme s'il n'y avait pas d'insulte plus intime que d'entendre son prénom tourné en dérision, sa sexualité moquée comme une mode, son quartier vomi par ceux qui n'y ont pas grandi, l'histoire de ses parents confisquée par les théoriciens d'une France incritiquable. Comme si nous étions définitivement privés de notre droit au respect.

Depuis des années, nous avons totalement laissé la pensée médiatique se dissoudre dans la facilité du mépris des autres. On vante la liberté de ton des néoréactionnaires, ces propagandistes de l'aversion, ces pyromanes du ressentiment et de la méchanceté. On s'extasie devant les ventes des néosouverainistes. On peut mettre ces discours de haine à toutes les sauces « néo » pour tenter de les justifier par une pseudo-théorisation. C'est juste une pensée liquide comme de la merde.

Albert Camus nous avait pourtant prévenus, au lendemain de la Seconde Guerre mondiale, des risques que nous courons lorsque nous laissons la polémique et l'insulte remplacer le dialogue : la polémique « consiste à considérer l'adversaire en ennemi, à le simplifier par conséquent et à refuser de le voir. Celui que j'insulte, je ne connais plus la couleur de son regard, ni s'il lui arrive de sourire et de quelle manière. Devenus aux trois quarts aveugles par la grâce de la polémique, nous ne vivons plus parmi des hommes, mais dans un monde de silhouettes ». C'est pourtant la colonne vertébrale de la parole médiatique du XXIe siècle : le triomphe du monologue et de la méconnaissance des autres. Le mépris en découle tout naturellement.

Dire qu'on ose appeler cela du débat d'idées ! Dire qu'on ose appeler ces marchands d'agressivité des intellectuels ! Ils ont fait du terme « polémistes » un métier. Ce sont des fossoyeurs du respect. Leurs inlassables attaques, nourries par leur peur pathétique de toute différence, blessent celles et ceux qui en sont les cibles. Car même si on sait que la parole de ces propagandistes de la haine est sans valeur, même si on ne regarde pas leurs shows télévisés minables, des échos de leurs diatribes et de leurs anathèmes résonnent partout dans la société. Et il faut être sacrément costaud pour ne pas en être affecté, pour ne pas sentir son estime de soi vaciller.

D'autant qu'ils ont une audience et que cela conduit à interroger les regards que l'on croise dans la rue, à se laisser envahir par un doute : ces inconnus ne pensent-ils pas comme eux ? me reconnaissent-ils vraiment comme un des leurs ? estimeraient-ils qui je suis et ce que je fais ? En laissant libre cours au mépris sur les ondes, les antennes et les réseaux, c'est un poison qu'on laisse se diffuser, un poison qui ronge petit à petit les liens sociaux et empêche de nouvelles relations de se nouer.

Alain Finkielkraut se prévaut de ses titres pour asseoir sa parole, de l'agrégation, de l'École normale supérieure de Saint-Cloud, de ses divers postes dans plusieurs universités prestigieuses. En quoi cela confère-t-il à sa pensée une acuité universelle ? En quoi son siège à l'Académie française le préserve-t-il du dogmatisme ? Que sait-il concrètement du travail des enseignants, qu'il dénigre avec une constance singulière ? Que sait-il des programmes scolaires, de la pédagogie, de l'école, pour affirmer que « depuis quarante ans, [elle] travaille avec ardeur à [la] dilapidation [de l'héritage] » ? A-t-il jamais pris le temps de véritables échanges avec ces « jeunes des banlieues » dont il se fait sans relâche le contempteur ? Que connaît-il réellement du rap pour tenter de l'écraser de tout son mépris (« la République a tort de ne jamais oser dire ce qu'est le rap : des harangues en guise de rengaines, la prédication de la haine ») ? Quelle gloire cherche-t-il à en retirer ? La légitimité culturelle et littéraire de cette musique est reconnue partout et par tous, depuis des années. Est-il vraiment utile de citer les ouvrages consacrés aux textes de Booba, ou l'article de *La Nouvelle Revue française*, signé par Thomas Ravier en 2003, sur « Le Bitume avec une plume » ?

Mépriser sans fondement critique le rap – c'est-à-dire en se contentant de balancer sur les antennes quelques mots sortis de leur contexte –, c'est dire « vous ne valez pas à mes yeux la peine que j'essaie de vous comprendre ». C'est dire « je refuse *a priori* de vous reconnaître comme des artistes ». C'est dire « je ne vous respecte pas, car à mes yeux jamais votre " inculture " ne méritera de rencontrer ma culture ». Alain Finkielkraut se prévaut de ses titres. Mais il n'est pire usage que l'on puisse faire de ses privilèges que de les brandir en caution d'une parole de dénigrement et de mépris.

Éric Zemmour partage la haine du rap avec le philosophe Finkielkraut. Attention, c'est grandiose de bêtise et d'ignorance : « Le rap est une sous-culture d'analphabète. » Éric Zemmour ne sortirait pourtant pas vainqueur d'une comparaison de sa prose avec celle de nombreux rappeurs. Il ne suffit pas d'aligner quelques références littéraires et historiques, et encore moins de les détourner de leur sens, pour faire preuve de culture. Faut-il d'ailleurs perdre du temps à parler de Zemmour ? L'ignorer, c'est renoncer à mener le combat contre sa parole de haine ; en parler, c'est contribuer à nourrir sa bulle médiatique. Ses titres de gloire ? Ses ventes, ses audiences, et surtout ses condamnations pour provocation à la discrimination raciale, pour provocation à la haine envers les musulmans, à nouveau pour injure et provocation à la haine.

Zemmour vomit au quotidien son mépris pour les jeunes, les femmes, les personnes de confession musulmane, les habitants des quartiers populaires, etc. Zemmour déverse au quotidien sa haine sous couvert de chiffres fantaisistes et d'une sociologie dont il serait faire insulte à ceux qui aiment à y prendre une bière ou un café de dire qu'elle est de comptoir. Zemmour a fait du manque de respect son gagne-pain. Il blesse, il méprise, il agresse, il déforme, il nourrit la défiance. Il abîme la société au nom d'un prétendu positionnement contre la bien-pensance. Il fragilise notre capacité à vivre les uns avec les autres, les uns pour les autres, et pas uniquement les uns à côté des autres, notre capacité à reconnaître ceux qui nous entourent pour ce qu'ils sont et à les estimer. Tout au contentement de sa gloriole médiatique, Zemmour piétine le respect.

Ça fait vendre, bien sûr, Éric Zemmour et Alain Finkielkraut. Ça fait vendre de la publicité et du papier. Ça fait vendre, de se complaire dans un passé glorieux qui n'a jamais existé, de taper sur des profs qui ne sauraient plus enseigner lorsque l'on serait soi-même incapable d'intéresser une poignée de minutes une classe d'adolescents, de fantasmer des milliers de parents démissionnaires depuis le confort de son salon bourgeois, de pleurer sur la disparition de la culture classique tout en ne montrant aucune curiosité pour la création actuelle.

Ça fait vendre, bien sûr, la caricature en -isme. Affreux, « l'égalitarisme ». Affreux, « le pédagogisme ». Affreux, « le féminisme ». Ça ne veut rien dire, la caricature en -isme, alors c'est tellement simple, tellement percutant, tellement médiatique. Tout au contentement de tourner en rond dans le monde clos de ses apparitions télévisées, il est tellement aisé de ne montrer aucun respect pour aucun combat. Quand on n'a jamais à se confronter à la réalité, on ne sait pas ce que c'est que de mener une bataille pour défendre la dignité, pour promouvoir des valeurs, pour exiger l'égalité.

Ça fait vendre, bien sûr, de cracher sur une prétendue bien-pensance. Comme si c'était de la bien-pensance que de se battre contre les violences faites aux femmes, de rappeler les principes internationaux du droit d'asile, de refuser qu'au nom de la peur de l'autre des milliers de migrants perdent chaque année la vie en mer. Comme si nous ne faisions pas le constat depuis des années du renversement de la parole médiatique. C'est tellement facile, la haine et le mépris, ça ne fait surgir aucun doute, ça n'entraîne aucune remise en question. Toute posture de contestation est moquée, que le contestataire soit traité de naïf, de bien-pensant ou d'hystérique. Toute critique du néoconservatisme dominant est, à contresens flagrant de la réalité, rejetée sans débat aucun. Faire profession de haine et de mépris, voilà le bon ton, la bien-pensance d'aujourd'hui.

L'absence de respect pour l'esprit critique est totale. C'est triste à pleurer. C'est excessivement inquiétant. Les sciences humaines et sociales, dont les travaux permettent de comprendre les phénomènes à l'œuvre dans la société, sont désormais dénoncées en France avec une régularité accablante comme tentant de justifier l'injustifiable.

Explication scientifique et complaisance sont devenues synonymes dans la bouche des polémistes de profession. Les chercheurs sont désormais sommés de justifier l'essence même de leur travail. Et les responsables politiques ne sont pas en reste dans la construction de ce désastre.

Le ministre de l'Éducation nationale s'est permis de déclarer, bien évidemment sans exemple à l'appui, que les sciences sociales françaises sont gangrenées par des thèses aux antipodes du modèle républicain. Il faut dire qu'il a été précédé par un président de la République affirmant la « culpabilité » du monde universitaire, dont les travaux conduiraient à « casser la République en deux ». Les approches intersectionnelles, c'est-à-dire les analyses de la réalité sociale observant la pluralité des logiques de domination, sont directement visées. Que soulignent-elles ? L'imbrication des discriminations. La juriste américaine Kimberlé Crenshaw s'est ainsi attachée à montrer que les femmes noires étaient deux fois victimes, en tant que femmes et en tant que noires. Et d'autres discriminations, liées à la sexualité, liées à la classe sociale, s'entrelacent avec celles-ci. Mais le concept d'intersectionnalité est assez technique pour faire un bon chiffon rouge, de ceux que l'on secoue à peu de frais en faisant le pari que personne n'ira vérifier que l'on s'en sert à tort et à travers. Il est assez « tendance » aussi pour se garantir des tweets à succès et des bandeaux de chaîne d'info. Jean-Michel Blanquer agite ainsi des concepts scientifiques dont il paraît tout ignorer pour jeter en pâture à l'*infotainment* en continu des démarches éprouvées depuis plus d'un siècle. Au mépris subi par les victimes de discriminations vient s'ajouter celui exprimé à l'égard des chercheurs s'intéressant à cette réalité.

Voilà donc comment les choses fonctionnent : les analyses en sciences humaines et sociales mettent au jour des inégalités et des discriminations qui contrarient des politiques ou des polémistes de carrière faisant profession d'une pensée binaire ? Elles sont aujourd'hui mises en accusation ! Le budget accordé en France à la recherche symbolisait le mépris que beaucoup portent aux universitaires. Ce mépris s'exprime désormais également sans complexe sur les ondes et dans les pages des journaux.

Les polémistes de carrière, nouveaux hérauts de la pensée décomplexée, n'ont plus aucune retenue quand il s'agit de clasher à bon compte des interlocuteurs absents pourtant censés représenter une pensée dominante. Gérard Noiriel parle de leur venin ; le mot est si juste.

Le combat pour le respect doit se gagner sur le terrain des idées.

Modèles

Parfois, face au vertige que ces constats font naître en moi, je me raccroche à des modèles. Du présent et du passé, de France et d'ailleurs. Des destins qui appellent tellement le respect que je me dis que, certes, le combat sera dur, mais il pourra être gagné.

Respect pour l'initiative du capitaine anglais Tom Moore, ce vétéran qui a réuni toutes ses forces pour récolter mille livres en faveur des soignants luttant contre le coronavirus en faisant cent fois le tour du jardin de sa maison avec son déambulateur. Respect, toujours, alors que la reine Élisabeth II, armée de l'épée de son père George VI, le faisait chevalier au lendemain de ses cent ans. Ces images ont suscité l'admiration du monde entier. Les dons, plusieurs dizaines de millions de livres, ont afflué de tous les continents en quelques semaines.

Respect pour Simone Veil, bien sûr, en 1974, portant à l'Assemblée nationale le droit à l'accès à l'avortement. Pour Gisèle Halimi, aussi, parvenant en 1978 à faire reconnaître le viol comme un crime. Pour Christiane Taubira, si digne pour défendre à la tribune du Palais-Bourbon le droit au mariage pour les personnes de même sexe.

Respect pour Ginette Kolinka témoignant sans relâche, à plus de quatre-vingt-dix ans, partout en France, auprès des scolaires, de sa déportation à Birkenau, de son humanité confisquée, et partageant un puissant message de fraternité. Fascinante Ginette Kolinka, rencontrée en 2019 aux Bibliothèques idéales de Strasbourg. Partie en retard de République pour prendre le train qui devait la conduire à sa conférence alsacienne, elle s'était précitée dans le métro pour rejoindre à l'heure la gare de l'Est. À quatre-vingt-quatorze ans. Elle ne voulait surtout pas décevoir par une absence involontaire. Des dizaines et des dizaines de personnes, de tout âge, faisaient la queue à la Cité de la musique et de la danse pour pouvoir l'entendre. Sur le quai de la gare de Strasbourg, en attendant le train du retour, alors que la nuit était tombée depuis plusieurs heures, elle ne confessait joyeusement qu'une légère fatigue. Qui ne l'empêchera jamais d'aller témoigner ! Le lendemain, des lycéens l'écouteraient à Lille. Ils apprendraient par ses mots l'exigence du respect de l'humanité, l'importance de la bienveillance et de l'affection, le danger de se laisser gagner par l'inimitié : « Méfiez-vous de la haine, et combattez-la dès qu'elle pointe, sous quelque forme que ce soit, car c'est la haine qui conduit tout droit à Birkenau. » En avril 1944, sur le quai de la gare de Bobigny, débarquée des autobus de Drancy avec son père, son petit frère et son neveu, et attendant le train qui doit les conduire à Birkenau, Ginette Kolinka, dix-neuf ans, a encore foi en l'humain. Mais les déportés ne sont plus des êtres humains aux yeux de leurs bourreaux : « Je vois le train de marchandises, je pense naïvement qu'il va partir et qu'un autre train va arriver pour nous. » Quelques heures plus tard, alors que son père et son petit frère ont déjà disparu, des femmes s'attachent en la rasant à lui faire perdre sa dignité : « Nous nous regardons, nues, le crâne et le pubis rasé, grelottantes, hagardes. Avilies. » Avilie. Humiliée. N'être rien. Ne jamais être considérée. Pendant des mois, dans plusieurs camps. Ginette Kolinka porte le menton haut et raconte son histoire pour empêcher, chez les jeunes générations, que l'inhumanité triomphe à nouveau.

Respect pour Lassana Bathily n'hésitant pas à risquer sa vie, le 9 janvier 2015, pour sauver les clients de l'Hyper Cacher. Le courage de Lassana Bathily, Malien devenu français, pour leur venir en aide, pour apporter son soutien aux policiers du RAID afin de faciliter l'assaut. Le courage et les mots de Lassana Bathily, témoignant au procès des attentats de janvier 2015 : « Les terroristes sont là pour créer de la haine entre les religions. Mais on est des humains d'abord. L'humanité, c'est plus important que la religion. » Lassana Bathily incarne le respect. La reconnaissance avant tout de l'humanité dans chaque personne. Il « incarne la fraternité », dit de lui Kamel Chabane, enseignant d'histoire-géographie au collège Gustave-Flaubert à Paris, devant la classe de troisième duquel il est venu témoigner. Il donne espoir. Tout comme donne espoir la bravoure de Didi, le responsable de la sécurité du Bataclan, retourné lors de l'attaque du 13 novembre 2015 à plusieurs reprises à l'intérieur de la salle de concert pour sauver des vies. Ces héros qui ne veulent pas en être ne sont pas seulement des modèles. Ce sont des personnes qui disent et qui font vivre cette évidence que nous semblons avoir oubliée : nous sommes des êtres humains, et en permanence nous devons faire preuve d'humanité et nous avons droit à de l'humanité.

Respect pour le professeur d'histoire-géographie Samuel Paty, enseignant de l'esprit critique, transmetteur du savoir, de l'idéal républicain et de la tolérance. Ses anciens élèves disent de lui qu'il tirait les collégiens vers le haut, qu'il permettait à tous de s'exprimer dans ses cours, qu'il leur a transmis des valeurs qui leur servent tous les jours. « Monsieur Paty » remplissait cette mission essentielle dont le corps enseignant a la charge : former les citoyens. Inculquer aux élèves, et non pas seulement leur demander de retenir, les principes et les valeurs de la République, la liberté, l'égalité, la fraternité qui constituent la devise, la solidarité, la laïcité, le respect, l'esprit de justice. « Principes et valeurs nécessaires à la vie commune dans une société démocratique », pour reprendre le texte du programme d'enseignement moral et civique adopté en 2015. Il faut malheureusement des drames absolus en France pour que la société prenne conscience du rôle que joue véritablement et concrètement l'école au quotidien pour les enfants et la jeunesse. Loin, bien loin des médiocres, grossiers, vulgaires buzz médiatiques sur les enseignants « décrocheurs » ou autres exemples de prof-bashing gratuits et sans fondement. Bien sûr, l'école n'est pas seule (l'éducation morale commence dans la famille), mais c'est elle, et ce sont donc les professeurs, qui permettent aux élèves de prendre conscience de leurs responsabilités dans leur vie personnelle et sociale, de construire du lien social, de prendre confiance en eux-mêmes, de devenir autonomes. La professeure de français en collège Muriel Conroy a décrit le miracle de la salle de cours, créé chaque jour par les enseignants : « La confiance que l'enseignant peut installer dans la classe, la place qu'il réserve à chacun sont les garants du collectif que nous devons instaurer : c'est à ce prix qu'il est possible d'enseigner. C'est parce que chacun se sent à sa place dans le groupe, ni trop loin devant ni trop loin derrière, avec ses camarades et avec le professeur, que nous pouvons faire cours. Quand ça marche, la classe est un lieu de fraternité. » Il n'y en a pas tant que ça, des lieux de fraternité, dans notre pays. Il faut du talent, de la patience, de la volonté et aussi du courage aujourd'hui pour remplir la mission d'enseignement. Il en faut d'autant plus dans une France qui a depuis longtemps baissé les bras dans le combat pour la mixité et qui laisse trop souvent l'école seule face aux conséquences des inégalités territoriales qu'elle subit de plein fouet.

Ce sont des combattantes et des combattants aux luttes et aux engagements remarquables, admirables. Nous nous sentons tout petits face à ces personnalités. Nous nous demandons si nous sommes bien dignes des combats qu'elles ont menés pour nous.

Ce sont des phares sur le long chemin de l'exigence de respect. Montrons-nous à la hauteur de leurs combats.

Conquête

Luttons pour la reconnaissance. Luttons pour le respect.

C'est un combat pour des femmes et pour des hommes. Pour assurer à chacun et à tous les conditions d'une vie réussie. C'est un combat collectif, que nous devons mener pour les autres autant que pour nous-mêmes.

En signant la préface de *Ma vie sur la route* de Gloria Steinem, Christiane Taubira nous l'a rappelé : il y a « urgence de faire ensemble. Et ce n'est pas une corvée, si tant est que l'on sache restituer la sensibilité qui émane de ces causes contre le sexisme, le racisme, l'antisémitisme, l'homophobie, la xénophobie, l'islamophobie… Cette sensualité tient à la chair. C'est pour des êtres de chair, pas pour des abstractions, que ces batailles sont livrées ».

Partout où nous devons mettre le genou à

terre pour dire à nouveau « *black lives matter* », le combat pour le respect reste à gagner.

Partout où nous devons coller sur les murs des affichettes pour dire « la vie des femmes compte », le combat pour le respect reste à gagner.

Partout où nous devons manifester pour clamer « la vie des homosexuels et des transsexuels compte », le combat pour le respect reste à gagner.

Partout où nous devons défendre le quatrième âge pour qu'il ne soit pas considéré comme un sous-âge, le combat pour le respect reste à gagner.

Partout où nous devons dénoncer la persistance des discriminations, le combat pour le respect reste à gagner.

Tant que nous devrons enterrer des femmes et des hommes morts de la grande pauvreté et de l'indifférence, le combat pour le respect restera à gagner.

Tant que la précarité économique entraînera des femmes et des hommes dans une spirale de honte et d'exclusion sociale, le combat pour le respect restera à gagner.

Tant que la « fatalité de la transmission » que raconte Annie Ernaux dans *L'Événement* persistera, le combat pour le respect restera à gagner.

Alors, luttons.

Luttons en nous attachant à retisser les liens sociaux qui nous permettent de nous construire. Cela exige de notre part de combler les failles de notre société qui abîment les relations d'affection et de dépasser les limites actuelles des formes de nos solidarités individuelles et collectives.

Nous semblons n'avoir que peu conscience des difficultés d'un individu dont tous les liens se délitent. Il nous faut apprendre à faire naître, ou à nourrir, des relations avec ceux qui se laissent envahir par la honte d'avoir perdu un emploi, un conjoint, ou de ne plus s'en sortir à la fin du mois. Il nous faut apprendre à être aux côtés de ceux qui sont victimes de rejet, au sein de leur foyer ou de la part de leurs amis et collègues de travail, de ceux que certains refusent d'accepter et de reconnaître dans toute leur différence. Il nous faut faire de la solidarité un de nos principes de conduite comme individus et comme société. Sans obligation ni impératif, si nous nous attachons à faire primer dès que nous le pouvons l'entraide sur l'indifférence, nous contribuerons à redonner à beaucoup la confiance en soi.

Nous avons fait de la fraternité le troisième pilier de notre devise républicaine. Le Conseil constitutionnel a reconnu en 2018 la valeur constitutionnelle de ce principe et en a fait découler « la liberté d'aider autrui, dans un but humanitaire, sans considération de la régularité de son séjour sur le territoire national ». Nous sommes libres de nous aider. Saisissons-nous pleinement de cette liberté. Les fondements même de notre société découlent du principe de fraternité. Il est au cœur du préambule de la Constitution de 1946, grâce auquel nous nous garantissons collectivement la protection de la santé, la sécurité matérielle, le repos, les loisirs, le droit à des moyens convenables d'existence, l'égal accès à l'instruction, à la formation professionnelle et à la culture. Osons la fraternité et les droits et les devoirs qui en découlent. Attachons-nous à la faire vivre, à faire primer le partage sur l'égoïsme, à donner corps à la solidarité. Autrement dit, attachons-nous à désormais toujours faire prévaloir le souci de l'autre sur l'indifférence, et le respect dans les relations que nous tissons avec lui.

Le principe de fraternité est également, à l'échelle mondiale et intergénérationnelle, au fondement de la protection de l'environnement. Le juge de la Cour suprême du Canada Charles Gonthier a, parmi les premiers, théorisé le fait que « ne pas polluer l'espace des autres pays, respecter la biosphère comme un bien commun des hommes et laisser un environnement viable aux générations futures est un devoir de fraternité » (je reprends les mots de Guy Canivet). Or, en France, tandis que l'urgence climatique exige des changements radicaux de pratiques, un été voit un grand bond en arrière sur l'interdiction du glyphosate, un autre l'annonce du retour de néonicotinoïdes qui ne laissent aucune chance aux insectes pollinisateurs. Ou comment être au rendez-vous de la destruction de la biodiversité et des coups de boutoir portés à l'environnement et à la planète. Cessons enfin de marcher sur la tête. Luttons pour retrouver le respect.

Luttons pour que l'égalité des droits promise se traduise enfin en égalité réelle, afin que chacun soit reconnu dans les faits et non plus seulement dans les textes comme un sujet de droit égal à tous les autres sujets de droit.

Entre les femmes et les hommes, l'égalité salariale est devenue l'un des enjeux les plus fondamentaux tant les écarts sont énormes et le rythme de leur réduction lent. Quand le Forum économique mondial annonce, en décembre 2018, qu'à l'allure actuelle la parité dans le monde du travail sera atteinte dans deux cent deux ans, il faut avouer qu'un soupir de lassitude précède l'irrésistible envie de se relever les manches. Irrésistible envie, car nous avons les moyens d'aller plus vite, plus loin, plus fort, grâce à l'énergie de la jeunesse, grâce au militantisme, grâce à l'éducation, à travers de nouvelles obligations législatives également, et en faisant savoir, aussi, une réalité toute simple : plus d'égalité entre les femmes et les hommes, c'est plus de richesse pour tous.

Luttons pour l'égalité réelle dans l'éducation. Notre école républicaine est bâtie sur une promesse d'égalité, mais elle ne parvient pas à mettre fin au déterminisme social. La performance des élèves est, en France plus que dans tous les autres pays de l'OCDE, corrélée au niveau socio-économique et culturel des familles : plus l'on vient d'un milieu défavorisé, moins sa performance scolaire est élevée. Au pays de l'égalité affichée aux frontons des écoles, la reproduction sociale reste reine. Il n'y a toutefois pas de fatalité. En revalorisant massivement la rémunération des enseignants, en concentrant les moyens sur l'éducation prioritaire, en promouvant sans relâche la mixité sociale et la mixité scolaire, il est possible de casser le lien entre les origines sociales et économiques des élèves et leur performance scolaire.

Luttons contre les discriminations fondées

sur l'origine, ces discriminations au quotidien, dans l'accès aux formations, au travail, au logement, aux loisirs. Il faut trouver de nouvelles formes d'action contre cette réalité qui persiste année après année, décennie après décennie. En juin 2020 encore, le Défenseur des droits écrivait : « Les discriminations fondées sur l'origine restent massives en France et affectent la vie quotidienne et les parcours de millions d'individus, mettant en cause leurs trajectoires de vie et leurs droits les plus fondamentaux. » Dans un dessin publié dans *Le Monde*, Aurel a pointé avec humour et justesse la faiblesse des dispositifs actuels : assise dans un bureau sur les murs duquel sont collées des affiches « Non », « Oui », « Stop », estampillées d'un bandeau bleu-blanc-rouge, une femme noire dit : « Franchement… rien n'est vraiment fait contre les discriminations… » à une interlocutrice blanche qui lui répond : « Vous n'avez pas eu le porte-clés ? » Faire en sorte que chacun, concrètement, soit enfin respecté comme membre d'une communauté d'égaux en droits, nécessite une politique publique ambitieuse et d'envergure. Il faut que cette politique soit conçue à la hauteur du problème. On ne met pas fin à des discriminations massives et à des réflexes profondément ancrés avec des mesurettes. Jacques Toubon préconise, dans son dernier rapport, d'abandonner l'incitation au profit d'actions concrètes, d'obliger les organisations « à se regarder dans le miroir », à définir des objectifs, des calendriers, des méthodes et des acteurs chargés de la mise en œuvre. D'oublier, autrement dit, les chartes et les labels pour privilégier les résultats. Il y a urgence à suivre cette voie.

Le chemin du respect retrouvé passe par ce combat pour la reconnaissance et le respect des droits. Nous sommes tous appelés à y prendre part. Le respect mutuel suppose la pleine conscience partagée que nous sommes membres d'une communauté d'égaux en droits, et suppose d'agir systématiquement en ce sens. Nous devons toujours regarder l'autre avec une phrase et un engagement en tête : j'ai les mêmes droits que toi et tu as les mêmes droits que moi ; je respecterai tes droits et je les protégerai.

Luttons, enfin, pour que chacun puisse faire l'expérience de l'estime sociale et, en se voyant reconnu à sa juste valeur par la société, accéder à l'estime de soi. Ralph Ellison nous le dit sans détour dans sa préface de 1982 à *Homme invisible, pour qui chantes-tu ?* : « Un sentiment lucide de [notre] propre importance [est] essentiel à [notre] quête tâtonnante de la liberté. » Il faut permettre à chacun de se sentir libre, et pour cela lui reconnaître une valeur sociale, préalable à ce qu'il s'estime lui-même. Cela suppose de notre part de mettre au jour toutes les expressions du mépris social. Les expressions conscientes comme les expressions tellement intégrées dans notre quotidien que nous ne les percevons même plus. Celles qui s'expriment verbalement comme celles que laissent transparaître certains écrits ou certaines pratiques. Il faut toutes les débusquer, toutes les dénoncer, et y mettre fin.

Nous ne devons plus tolérer les quartiers laissés à l'abandon, les conditions indignes de logement, les espaces publics délabrés. C'est un miroir honteux que la République tend, dans certaines parties du territoire, à ses enfants. Comment ne pas nourrir un sentiment d'indignité lorsque l'on est condamné à vivre dans un habitat indigne ? Tous les citoyens ont besoin, et ont le droit, d'être fiers de leur environnement de proximité. Il n'est pas acceptable que l'on en soit conduit à se sentir misérable entre les tours des cités de Montfermeil parce que les grands ensembles s'y sont inexorablement dégradés, que l'on en soit conduit à se sentir misérable dans les rues dévitalisées de Nevers parce qu'un magasin sur cinq est à l'abandon et un logement sur cinq vacant.

Tous les citoyens, où qu'ils vivent, ont besoin, et ont le droit, d'être fiers de l'enseignement public. Il n'est pas tolérable que les enfants apprennent à Marseille dans des écoles délabrées, non isolées, mal chauffées, aux murs décrépis, parfois moisis, aux plafonds incertains, aux sols éventrés. Il n'est pas tolérable que certains campus universitaires soient tellement détériorés que par exemple à Toulouse l'abandon du site de l'université du Mirail ait été envisagé, avant une reconstruction qui a nécessité dix ans de travaux. Comment, dans de telles conditions, donner aux enfants le goût et la fierté d'apprendre, et aux jeunes adultes confiance dans leurs études ? L'estime sociale que chacun est en droit d'attendre s'exprime aussi par la qualité, par la dignité de l'environnement dans lequel on grandit, dans lequel on vit, dans lequel on devrait s'épanouir.

Offrir à chaque citoyen un environnement de qualité demande de l'argent et exige d'avoir une vision du territoire et des territoires, pour qu'il soit entretenu et modernisé au fil des années et pour que de la vie, pour que du dynamisme démographique et économique soit insufflé partout. Autrement dit, cela n'exige rien d'autre que de l'intelligence et de la volonté politique, de la coopération entre l'État et les élus locaux, une implication sans limite de l'État dans les territoires les plus en souffrance, et la prise de conscience qu'il s'agit d'une priorité absolue. Agissons pour que chacun puisse légitimement se sentir fier d'apprendre, d'étudier, de vivre là où il vit.

Il y a des images aussi que la République s'honorerait à montrer dans l'espace public. En reconnaissant par des plaques, des noms de rues ou de places ou par des statues, des artistes, des penseuses et des penseurs, des héroïnes et des héros de guerre, des responsables politiques, des savantes et des savants totalement (ou presque) absents aujourd'hui de ces formes d'hommage parce qu'ils ne sont pas blancs ou parce que ce sont des femmes, la République dira également son estime pour toutes celles et ceux qui s'en sentent proches. Elle reconnaîtra symboliquement, dans le marbre et dans la pierre, leur valeur sociale. Les récents débats sur la place des figures historiques dans l'espace public nous offrent chaque jour la chance de découvrir des personnalités incroyables : Léonora Miano souhaite voir dresser une statue pour Louis Delgrès, Paris rend hommage à Solitude... Se décentrer par rapport à ce que l'on est et donner de la visibilité à ce qu'est l'autre sont deux principes qui doivent prendre place dans notre éthique individuelle et collective. C'est nécessaire pour que nous vivions ensemble et non pas côte à côte, et pour que nous vivions ensemble de manière apaisée.

L'absence d'estime sociale nourrit l'absence d'estime de soi et joue parfois comme une étincelle qui fait naître la violence. Songez aux mots de Ralph Ellison, non pas pour juger, mais pour comprendre ce que provoque la sensation permanente d'invisibilité : « Vous vous demandez si vous n'êtes pas simplement un fantôme dans l'esprit d'autrui. [...] C'est lorsqu'un tel sentiment vous habite que, par ressentiment, vous commencez à rendre les gnons. [...] Vous êtes dévoré du besoin de vous convaincre que vous existez, réellement, dans le monde réel, que vous faites partie intégrante de tout le bruit et l'angoisse, et vous brandissez vos poings. » Lorsque les poings sont brandis pour appeler le regard, c'est que le mépris a triomphé sur la reconnaissance dans notre relation à l'autre.

Nous n'avons qu'un engagement à prendre : rendre systématiquement justice à la valeur sociale de l'autre, le reconnaître pour ce qu'il est et pour ce qu'il fait, et accepter pour cela de restreindre notre perspective égocentrique. L'exercice est loin d'être évident. Nous sommes tellement à l'aise, confinés dans nos tout petits mondes ! Doublement enfermés dans nos bulles. Dans nos bulles numériques, où nous « chillons » devant des comptes, des documentaires, des séries qui nous sont suggérés pour renforcer nos croyances et entretenir l'étroitesse de nos centres d'intérêt. Dans les bulles de la vie réelle, en pratiquant l'évitement scolaire, en recherchant le quartier coté, en nous barricadant, pour les plus aisés, dans des rues privatisées. On traverse les océans mais on évite autant que possible de faire la connaissance de la différence sur le trottoir d'en face. Ce n'est pas si évident, de traverser la rue. On peut certes refuser de le faire par paresse. Il arrive aussi que ce soit par méconnaissance, par mal-être, par ras-le-bol ou par colère. S'ouvrir à l'autre, c'est toujours prendre un risque. Nous le savons intimement, car nous prenons ce risque chaque fois que nous acceptons de nous engager dans une nouvelle relation d'affection, amicale ou amoureuse. Nous savons la déception possible, la violence, la profondeur de certaines souffrances. S'ouvrir à l'autre, c'est s'obliger vis-à-vis de lui, et donc d'une certaine manière contraindre nos comportements futurs. Dit autrement, et pour emprunter la pensée et les mots d'Axel Honneth, c'est lui conférer une autorité sur nous et nous disposer « en même temps à le traiter à l'avenir en fonction de sa valeur ». Mais ces contraintes sont positives ; ça s'appelle le respect.

Dans notre combat pour que chacun puisse faire l'expérience de l'estime sociale, il y a aussi des mots que nous devons bannir de notre vocabulaire. Quelles que soient les circonstances, quels que soient les débats sur la délinquance, l'insécurité, des faits divers violents ou la brutalisation des comportements, il n'est pas acceptable de parler d'« ensauvagement de la société ». Le vocabulaire de l'imaginaire colonial est peut-être médiatiquement porteur, il n'a pas sa place dans une parole publique. Rien ne justifie cette expression, car rien ne justifie de renier à un être humain son humanité. Mona Ozouf nous a récemment invités à lire un ouvrage publié en 1947 par le philologue Victor Klemperer, *LTI, la langue du IIIe Reich*. Certains des mots qui s'immiscent dans nos esprits, nous met en garde Klemperer, déshumanisent les êtres. Nous devons toujours, systématiquement, sans hésitation, les refuser. Lutter pour le respect, c'est aussi lutter contre un certain langage, car les mots, nous dit le philologue, « peuvent être comme de minuscules doses d'arsenic : on les avale sans y prendre garde, ils semblent ne faire aucun effet, et voilà qu'après quelque temps l'effet toxique se fait sentir ». Ne laissons pas le poison des mots qui déshumanisent se diffuser dans la société.

Luttons en nous rappelant que nous avons la force d'une histoire qui nous a offert la démocratie, les conquêtes sociales de 1936, du Conseil national de la Résistance, de 1981. Nous avons nos combats pour la liberté, pour le droit international, pour la préservation de la planète. Nous avons une jeunesse épatante, capable de se mobiliser et de se rassembler dès lors qu'une cause lui paraît juste. Nous sommes encore, pour le moment, préservés des pires affres du changement climatique. Et, sur le papier, notre pays ne cesse de s'enrichir. Nous avons tout ou presque, autrement dit.

Alors, certes, les écarts de niveau de vie se creusent depuis vingt ans en France tandis que sur le papier glacé de la presse économique chaque année les milliardaires étalent plus nombreux leurs fortunes plus excessives.

Certes, les acquis sociaux sont méthodiquement, les uns après les autres, depuis des années, mis à mal. La mécanique est bien rodée : les plus fortunés dénoncent les prétendus privilèges de ceux qui ont l'État-providence comme seule richesse, pour garantir un peu plus encore la solidité de leurs forteresses d'intérêts privés. Face à chaque protestation, l'argument est le même : il faut bien retirer un peu à ceux qui ont peu pour pouvoir continuer à aider ceux qui ont encore moins.

Certes, nous avons laissé, par routine ou par indifférence, nos vies devenir comme ces jeux de Meccano devant lesquels, enfants, nous avions pris l'habitude de hausser les épaules en constatant, alors que la construction nous paraissait terminée, qu'il restait quelques pièces non utilisées. Nous n'y prenions pas garde, nous les mettions de côté au fond d'une boîte et nous n'y repensions plus. C'est ce que nous continuons à faire, adultes, avec les personnes les plus âgées, avec les plus précaires, avec tous ceux que nous considérons comme marginaux, que nous n'hésitons pas à oublier dès lors qu'ils ne paraissent pas avoir d'« utilité ».

Certes, nos relations sociales et nos relations économiques sont davantage fondées sur les notions de rivalité et d'excès que de partage et de justice.

Mais rien ne nous contraint à accepter les règles de ce monde-là. Il nous suffit de prendre nos responsabilités. D'adopter, individuellement et collectivement, une nouvelle éthique. Une éthique du respect. Le combat est politique. 2022 est un objectif. Un nouveau projet et une nouvelle pratique démocratiques sont nécessaires. Il reste à les construire, puis à les conduire.

Pour une nouvelle éthique de l'engagement politique

Le combat pour le respect exige une nouvelle éthique de l'engagement politique et de l'action publique.

Trois principes seront à son fondement : respecter l'engagement pris et la parole donnée ; respecter les citoyennes et les citoyens, dans toutes leurs différences et toutes leurs singularités ; toujours veiller à faire bien et pour les autres.

Faisons de la politique en étant enfin des responsables politiques. À même de rendre compte des engagements pris. À même de respecter l'humanité et la dignité de tous et de chacun dans la société. À même de faire la démonstration des principes qui guident notre action.

Cela exige de faire campagne autrement. De faire campagne non pas pour dérouler un programme mais pour écouter les attentes citoyennes. De faire campagne non pas pour fournir chaque soir des images aux médias mais pour échanger chaque jour avec les électrices et les électeurs. De faire campagne non pas pour suivre au point près la courbe des sondages mais pour partager un projet de société. De faire campagne non pas pour envoyer des cartes postales à chaque intérêt particulier mais pour donner naissance à l'intérêt général.

L'organisation des campagnes présidentielles est devenue une sorte d'imposture. On s'accorde sur la forme, le contenu, les horaires des meetings pour répondre aux exigences des médias qui promettent de les couvrir. On « thématise » tellement pour leur vendre tous les deux, trois jours une histoire qu'on ne se rend pas compte que ce que l'on est en train de faire, c'est « raconter des histoires » aux spectateurs. On n'écoute plus ce que les électeurs ont à nous dire, mais les commentaires des commentateurs. On ne se demande plus si l'on a partagé le bon message lors d'un débat télévisé, on attend juste le résultat du sondage du *debrief* de l'émission qui annonce le classement des plus et des moins convaincants. On vante à un tel point l'efficacité des logiciels de stratégie électorale que certains les croient désormais indispensables.

Mais il faudrait plutôt interroger le lien entre la place désormais donnée à ces logiciels et la déconnexion de plus en plus rapide et de plus en plus forte entre une action présidentielle et les attentes citoyennes.

Les logiciels de stratégie électorale, c'est une promesse toute simple faite aux candidats. Localisation des électeurs acquis, des électeurs qui ne le seront jamais, des soutiens potentiels ; les algorithmes ciblent et il n'y a « plus qu'à ». Plus qu'à ne pas taper aux portes où pourraient s'exprimer trop de désaccords et donc se construire un échange. Plus qu'à ne pas aller à la rencontre de ses électeurs les plus fidèles et à ne pas entendre leurs remarques critiques sur un projet. Plus qu'à se concentrer sur ce quartier, cette rue choisis mathématiquement, ceux des électeurs indécis. Plus qu'à abandonner les longs échanges sur les marchés. Plus qu'à demander à l'intelligence artificielle quels doivent être les thèmes prioritaires des tracts électoraux. Plus qu'à transformer la vie démocratique en une campagne marketing parmi d'autres. Oui, ça fait parfois gagner des élections. Mais à quel prix ? L'humain mis à la porte de la politique. La démocratie vidée de sa substance et un pouvoir dont la légitimité s'étiole à la vitesse grand V.

L'agitation des quartiers généraux de campagne est vaine dès lors que l'on n'y est pas en train de construire le nœud d'un engagement simple et sincère avec les électeurs. On ne « rationalise » pas une campagne électorale comme une campagne publicitaire. Enfin, bien évidemment, on peut faire ce choix. Comme Hillary Clinton qui, lors de l'élection présidentielle américaine de 2016, n'a pas fait un seul déplacement dans le Wisconsin, terre traditionnellement acquise au vote démocrate. Bien mal lui en a pris de croire l'État gagné d'avance ; les électeurs de cette région du Middle West, à la forte identité rurale, ont porté leurs voix sur celui qui a paru leur montrer le plus d'attention pendant la campagne, en venant à leur rencontre. Cette erreur stratégique a en grande partie coûté la victoire à Hillary Clinton. Elle a symbolisé le manque de considération de la candidate démocrate pour ses concitoyens, et un rapport utilitariste à des électeurs que l'on se donne ou non la peine d'aller voir en fonction des estimations des sondeurs, alors même que dialoguer avec eux devrait être le cœur d'un engagement politique.

Depuis des décennies maintenant, les citoyens expriment leur volonté d'une démocratie plus participative, et qu'est-ce qui leur a été proposé? La politique algorithmique. Celle qui permettrait de taper aux bonnes portes et de choisir les bons mots. De lancer des ballons d'essai et de mesurer l'état de l'opinion. Ne nous étonnons pas ensuite de voir surgir des exigences de mandat impératif. Sans véritable dialogue préalable à l'élection et au rythme du petit jeu des renoncements une fois au pouvoir, les fondations même de la démocratie représentative ont été mises à mal.

Les trois principes qui seront au fondement d'une nouvelle éthique de l'engagement politique appellent une nouvelle forme de programmes.

Il faut en finir avec la multiplication des promesses quinquennales de circonstance, avec la peur d'« oublier » des sujets, avec l'obsession des éléments de langage pour tout et sur tout. Notre pays doit être gouverné avec une boussole. C'est-à-dire en suivant un cap élaboré en mobilisant le plus largement possible la parole et l'intelligence citoyennes, proposé au suffrage lors de l'élection et choisi démocratiquement dans les urnes.

Nous avons besoin d'un projet de société. De nous donner un horizon qui fasse sens et que nous atteindrons ensemble. Cet horizon, ce pourrait être la solidarité, la préservation de la planète, la qualité de vie, le partage de la richesse, un renouveau démocratique… Il appartiendra aux citoyens de le fixer.

Nous avons besoin de quelques principes partagés, clairs, ambitieux, guidant l'action publique, les choix collectifs et les décisions individuelles, créateurs de liens sociaux, porteurs de cette reconnaissance qui permettra à chacun de parvenir à une attitude positive envers lui-même.

Il est temps, plus que temps de commencer à échanger et à débattre entre citoyens, partout sur le territoire, pour définir les principes et dessiner un cap pour 2022.

Je propose comme premier principe cet engagement : chacun a le devoir d'être solidaire et le droit de bénéficier de l'attention des autres. C'est ainsi que le respect sera le cœur du projet démocratique pour les années à venir.

Table

Mise en pages :
rue.des.malassis@free.fr

Certifié PEFC

Ce produit est issu de forêts gérées durablement et de sources contrôlées

PEFC™
10-31-2541

www.pefc-france.org

Reproduit et achevé d'imprimer
par Normandie Roto Impression s.a.s.
en février 2021.
Numéro d'imprimeur : 2100600.

Imprimé en France.